Tactiques d'un Bon conseiller

Tactiques d'un Bon conseiller

Nicolas Pierre d'Alone

1

Mon cher,

Vous êtes probablement surpris qu'à l'ère du SMS, de snapchat et de messenger, je vous envoie une lettre à l'ancienne plutôt qu'un e-mail. Ne pensez pas que je suis insatisfait des progrès des médias sociaux ces dernières années et de leur impact sur presque toute l'humanité. Moi, j'étais le premier utilisateur de Facebook et WhatsApp. Je vous écris cette lettre uniquement pour attirer votre attention, car je sais que vous ne liriez pas un e-mail, tout comme les messages d'un inconnu sur Facebook.
Mon nom est Lucifer et je suis votre diable gardien. Non, non - je ne suis pas mon célèbre cousin, mais un démon de base affecté à une tâche relativement simple - vous protéger. Vous pouvez maintenant comprendre pourquoi j'ai écrit la lettre que vous avez encore en main au lieu de l'e-mail que vous auriez déjà supprimé.

Appelez-moi Luc. Vous vous sentirez plus en confiance et il me sera plus facile de remplir mon rôle. Je vous écris parce que l'époque a changé. Ainsi, nous pouvons enfin sortir de notre cachette. Seulement dans certains cas, bien sûr, mais votre cas a été sélectionné comme l'un des premiers, alors mes sincères félicitations. Dans une époque antérieure, on disait que la plus grande réalisation de satan était de convaincre les gens qu'il n'existait pas. Je vois les choses différemment - il serait plus difficile pour les gens de nous faire confiance si tout le monde autour de nous parlait à notre sujet, alors que nous avons reçu l'ordre d'agir en nous cachant. Mais maintenant, les temps ont changé. La plupart des gens ne sont plus athées, mais croient en toutes sortes d'absurdités, et ce qu'ils croient n'a d'importance pour personne de toute façon. C'est pourquoi je peux vous écrire cette lettre, car ce serait la même chose si vous aviez reçu une lettre de fée, de lapin de Pâques, de Bouddha ou de Dieu. Et moi, je peux même être un elfe du Seigneur des Anneaux pour vous, cela ne me dérange pas.
Je vous observe depuis un certain temps et je veux vous féliciter. Vous êtes très doué pour grimper dans la hiérarchie sociale, vous avez même réussi à développer votre stabilité financière. Vous avez une famille, vous avez des enfants. Bravo. Vous êtes vraiment sur le chemin du bonheur. Mais je vous donnerai toujours de bons conseils, car je sais que vous avez encore des problèmes, alors laissez-moi vous aider à les résoudre.
Tout d'abord, un sujet simple. Après tout, je ne veux pas vous ennuyer ou vous effrayer. Vous avez récemment eu une conversation avec un de vos collègues qui vous a fait part de ses réflexions sur la beauté. Il a essayé de

vous prouver qu'il existe une chose telle que la Beauté Universelle et qu'elle n'a pas grand-chose à voir avec ce que nous appelons «plaire». Vous vous posez des questions à ce sujet depuis, et vous avez même recherché sur Wikipédia la définition de la beauté. Rien de plus faux! Ne croyez-vous plus en votre propre intellect et en votre intuition infaillible pour utiliser cette encyclopédie pour les ignorants? Croyez en vous, je vous le dis. Je vais vous dire un secret. Votre ami a des problèmes à la maison. Il ne s'entend pas avec sa femme, et c'est pourquoi il propose des sujets étranges. Devez-vous philosopher avec lui? Vous savez vous-même que cela ne vous sera d'aucune utilité et ne peut être que nuisible. Pour en revenir au sujet qui vous dérange, bien sûr, la beauté universelle n'existe pas. Tout comme il n'y a pas de couleur ou de notes de musique. Ce ne sont que des noms simples qui décrivent quelque chose. La beauté est exactement ce que vous aimez et ne laissez personne vous dire le contraire. Si vous aimez une image, cela signifie qu'elle est belle. Pareil pour la musique. Si des millions de personnes aiment un chanteur, qui êtes-vous pour critiquer des millions? Votre sens du goût est unique. Donc, si vous ressentez quelque chose en regardant une œuvre d'art, c'est bien, et sinon, détournez vous en, car cela n'en vaut pas la peine. En d'autres termes, quelque chose sera beau pour vous et anodin pour quelqu'un d'autre. C'est comme ça. Prétendre qu'il existe une Beauté Universelle supérieure impliquerait que vous devez l'accepter même si vous ne l'aimez pas. Cela n'a pas de sens, vous l'admettez vous-même. Comment détesteriez-vous quelque chose de beau en soi?

Je pense que je vous ai un peu calmé. Ne vous inquiétez de rien et évitez de tels sujets à l'avenir.

Luc

2

Mon cher,

Mais oui! Bien sûr qu'il n'y a pas qu'une seule vérité! Je suis content que vous l'ayez compris vous-même. Comme il y autant de beauté qu'il y a de personnes.
Les anciens disaient: *in vino veritas*. La vérité vaut un verre de vin. Il ne sert à rien de se concentrer sur la recherche de la vérité, ce qui est important c'est ce qui vous procure du plaisir, ou au moins un avantage. Pour cela, vous avez votre esprit qui vous dira ce qui est réel et ce qui ne l'est pas, tout comme vos sentiments vous disent ce qui est beau.
Chacun a sa propre vérité, donc chacun doit être entendu et respecté. Après tout, chacun a droit à sa propre opinion, n'est-ce pas? En fin de compte, l'important est de savoir si vous vous sentez bien dans votre vérité ou si cela vous rend heureux. Car avouons-le: peu importe ce qu'une personne pense, mais combien

de personnes partagent son point de vue. La vérité réside dans la majorité ...

Chacun a donc son propre droit: chrétiens, bouddhistes, musulmans, adeptes du Monstre de Spaghetti Volant, athées et agnostiques. Et surtout, puisque chacun a sa propre vérité, cela signifie que personne n'en a.

In vino veritas! Regardez les civilisations qui ont cherché la vérité: Grecs, Romains ... Elles se sont toutes mal terminées. Les philosophes allemands sont allés jusqu'à Hitler et les communistes jusqu'à Staline. Tous ceux qui prétendaient avoir appris la vérité, y compris les philosophes, les enseignants de toutes sortes et les prêtres, se sont déshonorés. Il y en a même eu un qui a dit qu'il était la Vérité, mais aujourd'hui, presque personne ne le prend au sérieux.

Vraiment, tous ceux qui parlent de la Vérité font semblant d'y croire. S'il n'en était pas ainsi, ils ne seraient pas convaincus de leur propre raison. Et la plus grande découverte pour l'homme est qu'il n'y a pas de vérité. Et s'il n'y en a pas, alors il n'y a pas non plus de sagesse... Il est donc bon que vous apparteniez à ces gens sages qui savent que le sens de la vie est de rechercher le bonheur. Il s'agit simplement de découvrir ce qui vous fait le plus plaisir. Pour certains, ce sera le sport, pour d'autres écouter de la musique, pour d'autres apprendre. Il y aura même ceux qui aiment la religion, mais on ne peut pas non plus leur refuser le droit à leur propre bonheur.

In vino veritas est la parole joyeuse des anciens. Prenez une gorgée de vin et oubliez les soucis, les problèmes, les tâches qui vous attendent, les peurs et les frustrations. Vous devez fuir tout cela autant que possible, car cela vous rend malheureux. Mais j'écrirai sur le bonheur une autre fois...

La vérité est relative. Apprenez le mot si vous ne le connaissez pas encore.

Au début, je vous ai félicité car vous êtes parvenu aux bonnes conclusions. En fin de compte, je dois vous reprocher de vouloir les formuler. Je vous mets en garde une seconde fois contre des philosophies inutiles qui pourraient vous induire en erreur. Il vaut mieux que vous m'écoutiez sans critique, croyez-moi, ce sera mieux pour vous.

Je vous souhaite la clarté des connaissances que vous obtiendrez certainement grâce à moi.

PS. Ne vous demandez pas si je suis réel. Est-ce vraiment important ?

Cordialement,

Luc.

3

Mon cher,

C'est ainsi que même des choses de valeur peuvent devenir un piège pour quelqu'un. C'est une bonne chose que vous regardiez des films avec un message qui vous touche, même si je préférerais que vous vous détendiez davantage afin que vous récupériez de votre dur labeur. Personnellement, j'aime les films, et plus encore les séries qui vous pompent la vie par hectolitres, oh, pardon – Ce qui réconfortent les peureux et les malheureux. Malheureusement pour moi, vous aimez les bons films et c'est pourquoi vous avez finalement décidé de regarder „Joker". Bravo. C'est l'un de mes films préférés de ces dernières années, qui explique si bien les règles les plus importantes qui régissent le monde... Tout le monde a accepté docilement cette explication, mais j'ai découvert que vous aviez une facheuse tendance à tout remettre en question... Vous êtes fatigant ... Et mon travail consistait à vous aider de temps en temps, mais vous vous embrouillez trop le cerveau. Mais allons-y, je suis d'accord pour essayer d'éclaircir certaines choses pour vous de nouveau.

Premièrement, je ne comprends pas pourquoi vous avez commencé à penser que le bien et le mal ne dépendent pas de la personne ou des circonstances. Après tout, cela a été si bien montré dans le film, tout le monde – je le répète, tout le monde l'a compris, sauf vous. Oui, le personnage principal assassine des gens, mais uniquement parce qu'il y a été contraint par la vie. Au lieu d'inventer des choses folles, vous devriez sympathiser avec Joker et comprendre qu'il ne peut pas être condamné. Car personne ne doit etre condamné, n'est pas ? Ce n'est pas ce qu'enseignent les grands de votre monde ? Que tout le monde devrait être pardonné ? „Allez en paix et je ne vous condamne pas"... Cela vous dit-quelque chose ? Je peux vous le dire si vous gardez secret que je suis d'accord avec Dieu lui-même ici. Nous nous devons de pardonner au Joker. Vous comprenez? C'est moi le plus miséricordieux car je pardonnerais même à Judas. En fait, je pardonnerais même ses crimes à Hitler.

C'est vous le méchants. Vous êtes un fascistes intolérants si vous voulez condamner le pauvre Joker. C'est comme ça avec le mal... C'est vous le méchants, pas moi!

Deuxièmement, comment pouvez-vous penser que l'acte et la personne qui l'a commis sont deux choses différentes ? C'est absurde! Le mal doit toujours être justifié... Vous devez toujours voir le bien en l'homme.

Tout le monde a compris depuis longtemps que Joker est une victime, pas un criminel. Tout comme Angelina Jolie de "Maléfique" n'est plus la méchante sorcière de "La

Belle au bois dormant". Je connais l'avenir, alors laissez-moi vous dire quelque chose - le monde n'est pas encore prêt pour cela, mais il le sera dans quelques années. Le film "Hitler - True Story" sortira dans lequel nous découvrirons tous les coins et recoins de l'âme tourmentée de ce pauvre artiste insatisfait qui n'a fait ce qu'il a fait que par regret. Il était la vraie victime du système, non – la victime du monde. Le monde est la racine de tout mal. Ou même mieux, je vais vous dire – c'est pas le monde, c'est Dieu.

Le bien et le mal sont aussi complexes que l'homme. N'écoutez pas quelqu'un vous dire - vous ne devriez pas le faire, ou - vous devriez le faire. Des fois le mensonge à du bon. Cette vérité est aussi ancienne que le monde

Enfin, laissez-moi vous dire une chose - tout serait plus facile s'il y avait un code de valeurs avec des règles qui s'appliquent à tout le monde. Je comprends parfaitement que vous voudriez qu'il y ait du Bien, du Vrai et du Beau, et tout un tas d'autres valeurs. Mais le vrai chemin du bonheur est le chemin de la liberté...La liberté de rejeter le bien et le mal en particulier.

Luc.

4

Mon Cher,

Bien évidemment, je n'ai pas besoin de dire ce que je pense de votre dernière bêtise? Vous savez parfaitement de quoi je parle - de votre visite dans un endroit où vous ne devez en aucun cas entrer ! Je comprends la curiosité, mais qu'est-ce qui pourrait vous intéresser dans une vieille église vide ? Vous vivez au 21ème siècle, seules les personnes âgées qui n'ont pas encore accepté l'idée de la mort vont à l'église et réveillent un espoir naïf... Je vous le dis sans détour : même à des fins justifiées, comme visiter des monuments , votre présence là-bas est hautement indésirable. Non pas qu'il y ait là quelque chose de dangereux, bien sûr, car c'est un lieu comme un autre, mais c'est un lieu d'hystérie collective à laquelle participent beaucoup de monde, bien que cela puisse paraître séduisant à première vue. Rien de plus faux ! Au nom des rêveries et des fantasmes, les participants à

ces étranges mystères se livrent à l'autoflagellation et à l'humiliation. Ils se frappent la poitrine et s'excusent pour les fautes qui implique leur nature. Est-ce la faute du chien s'il aime la viande ? Est-ce sa faute s'il mange un morceau de jambon dès lors qu'il le voit ? Mais assez parlé. Concentrons-nous sur ce qui vous a vraiment touché dans ce foutu endroit.
La foi. C'est ce à quoi vous avez pensé lorsque vous avez regardé l'intérieur vide et froid de l'église. « Qu'est-ce que la foi ? Est-ce une question de raison ? Ou peut-être un choix ? ». Ce genre de questions m'excite toujours. Je jure devant Dieu que si vous ne vous étiez pas tenu dans un endroit dans lequel je ne suis pas autorisé à entrer, je serais descendu et vous auriez senti une possession dont ils n'ont même jamais entendu parler dans la Bible. Mais que sont donc ces questions?
La foi est-elle un acte de raison ? Ou alors de libre arbitre ? Croyez-vous parce que vous voulez croire ? Seuls certains saints peuvent dire de telles bêtises... Non, mon cher. Il est bien connu que la foi est émotionnelle, comme tout ce qui a de la valeur. Vous le ressentez, vous le croyez, vous ne le ressentez pas - vous ne le croyez pas. Est-ce si difficile à comprendre ? Après tout, la foi est le contraire de la raison, n'est-ce pas ? Certaines personnes ont ces troubles, pardonnez-leur - elles obtiennent ce genre de grâce et pensent qu'elles croient quelque chose. Un Dieu, Zeus ou Bouddha, peu importe. Habituellement, cependant, une telle « foi » n'est rien de plus qu'une tradition que de moins en moins de gens cultivent. A l'âge de la raison, la foi meurt. Cela ne vous surprend pas, n'est-ce pas ?
Vous souvenez-vous à l'école quand vous disiez à tout le monde que vous ne croyiez pas car vous ne ressentiez

rien? Que la religion est une malédiction ? Que c'est une relique du passé qu'il faut détruire ? Que les prêtres ne font que prendre de l'argent ? Quel est le problème avec vous maintenant? Devenez-vous fou avec l'âge?
Par exemple, je ne vous demande pas du tout de croire en moi. Cela ne me dérange pas que vous lisiez ces lettres avec un sourire ironique. Il est important pour moi que vous les lisiez et c'est tout. Je ne vous demande même pas de me croire. Faites ce que vous ressentez tel le chien. Tu veux une saucisse, prends-la.
La foi c'est l'auto-illusion. Vous ne le savez pas encore ? Personne ne peut vous prouver que Dieu existe ou qu'il n'existe pas, alors est-ce que cela vaut la peine de s'embêter avec Lui ? Les anciens buvaient du vin pour contacter les dieux, ou utilisaient d'autres drogues. Je vous recommande le même médicament, pas seulement pour voyager jusqu'à l'Olympe, mais pour soigner vos idioties.
Encore une chose... La foi dans l'âme... Quel beau conte de fées pour ceux qui pensent qu'ils vivront éternellement... Non, je vous le dis - et vous feriez mieux de me croire. La vie éternelle n'existe pas. Vous faites partie de la nature, tout comme un arbre, un oiseau ou... un chien. Vous êtes comme un chien sans poils, mais avec un cerveau surdimensionné. Vous feriez mieux de vous habituer à cette pensée. Si vous continuez à réfléchir, je vous rendrai tellement possédé que vous aboierez pendant encore une semaine après cela.

Luc

5

Mon Cher,

Vous avez le droit de vous sentir déprimé après ma dernière lettre. Certes, j'ai exagéré l'expression et l'intensité des émotions qui vous ont amené au point où vous en êtes aujourd'hui. Alors je comprends que vous pensiez à l'espoir qui vous a soudainement manqué. Vous voudriez que ce monde soit organisé, qu'il y ait le Vrai et le Bien, que la Foi ait du sens, que vous puissiez croire en l'Amour. Vous vous demandez à juste titre ce qu'il vous reste lorsque vous n'avez plus rien ? Vous pouvez vivre sans croire en Dieu ni aux gens, mais comment vivre lorsqu'il n'y a aucun espoir pour vous-même ?
Laissez-moi être le meilleur exemple pour vous. Vous connaissez mon histoire - Au début, ça allait, puis ça s'est détérioré, et finalement tout le monde m'abandonné et m'a jeté hors de ma maison. Que suis-je en train de faire? Est-ce que je me sens désolé pour mon propre sort

? Au contraire, je me suis ressaisi. Pourquoi ai-je besoin d'espérer revenir un jour ? - Oui, je sais, il me suffirait de m'excuser. Je suis aussi conscient que nous mourrons tous un jour. Je n'espère pas qu'il en sera autrement, mais je veux pouvoir regarder fièrement la mort. J'ai peur comme tout être vivant, mais ce n'est pas une raison pour que je renonce à mes propres idéaux, et à qui je suis. J'ai le courage de perdre, n'est-ce pas mon avantage ? L'espoir est pour les faibles qui ne veulent pas se réconcilier avec leur propre destin. Jusqu'à ce que vous rejetiez vos désirs naïfs, vous serez tourmenté par des images enfantines avec de petits anges conduisant des enfants par leurs mains sur des ponts. Allez, vous etes adulte ou pas ? Avalez le fait que vous êtes la figure tragique de cette farce. Quoi que vous fassiez, cela finira mal pour vous.

Si vous avez la force de digérer ce fait, vous deviendrez comme Dieu. Vous déterminerez ce qui est bien et ce qui est mal. Vous pourrez profiter du plaisir sans culpabiliser, et surtout, comme moi, vous vivrez dans la vérité. Croyez-moi, c'est une belle vie qui vaut la peine d'être vécue... En tant que votre plus proche conseiller, je voudrais pouvoir vous donner une tape sur l'épaule, vous dire que tout ira bien, mais malheureusement je ne peux pas le faire. Vous devez tuer le dernier espoir en vous, arrêter de rêver au Lapin de Pâques, arrêter de vous plaindre et commencer à vivre. Vous n'êtes pas fait pour la vie éternelle. Mais en retour j'ai tous les plaisirs du monde pour vous. Abandonnez l'espoir une fois pour toute, et moi je vous donnerai tout.

Luc

6

Mon Cher,

L'amour, n'est pas chose facile, tout le monde le sait très bien. Il existe de nombreuses définitions ou tentatives pour expliquer ce que c'est réellement, mais honnêtement, personne d'autre que moi n'a réussi à découvrir la vérité. Voulez-vous savoir à quoi cela ressemble vraiment ? Écoutez attentivement. Pendant des siècles, vous, les humains, avez été habitués à lever les yeux. De là, vous deviez puiser l'inspiration et le sens de la vie. Des héros, des dieux, des anges ou des saints surhumains idéalisés étaient vos modèles. Le moment est venu pour vous de comprendre que si vous levez les yeux, la seule chose que vous réussiriez à faire sera de vous aveugler à cause du soleil. Vous serez déçu et frustré si vous ne baissez pas la barre de vos attentes.
On vous a dit que "l'amour est patient" mais moi - votre diable personnel vous le dit – c'est faux. Arrêtez de regarder là-haut car il n'y a rien là-bas. L'amour est

impatient, l'amour est passion et feu. Le véritable amour est jaloux et égoïste. Il est régi par les sentiments qui jettent un couple d'amoureux comme un drapeau dans une tempête. Oui - l'amour enlève la raison, mais donne de l'extase en retour.

Arrêtez de lever les yeux et regardez autour de vous car vous appartenez à ce monde-ci. Celui ravi de lui-même, celui qui s'aime par dessus tout. Parce que le plus grand amour c'est si vous pouvez vous aimer.

L'amour se souvient de chaque blessure et ne vous pardonnera jamais. Pour l'amour la chose la plus importante c'est le feu, alors ne soyez pas surpris s'il vous quitte pour une flamme plus grande. Vous devez vous battre pour cela et le gagner. Vous n'êtes pas irremplaçable pour votre amour, souvenez-vous-en.

L'amour suspecte, tout comme le monde. Il a peur de la solitude.

Enfin, le plus important : l'amour n'est pas du tout l'AMOUR. Ce n'est pas un sacrifice à un autre. Ce n'est pas un renoncement et cela n'exige aucune souffrance. Vous n'avez pas besoin de grandir pour lui ou de l'apprendre. Et vous n'avez certainement pas à y renoncer parfois pour le plus grand bien. Ce ne sont que des bêtises des gens qui vivent encore à l'âge des ténèbres.

L'amour c'est la liberté. Vous n'avez donc pas à vous associer à qui que ce soit, à écouter qui que ce soit ou à croire qui que ce soit. Vous êtes l'instance finale de tout.

Encore une chose : dites-moi qui sait mieux que vous ce qu'est l'amour ? Vous seul le ressentez et savez donc le mieux. Alors n'écoutez personne qui dira le contraire. En fin de compte, l'amour est un joli nom pour vos envies et vos rêves. Vous vous cherchez les uns les autres, et

même si vous n'êtes jamais complètement satisfaits, car même le plus grand feu s'éteint, votre espèce existe encore. Cela ne vous semble-t-il pas étrange ? N'est-ce pas semblable à ce monde ?
Alors arrêtez enfin de regarder les dieux et les anges, arrêtez de chercher des idéaux naïfs, au lieu de cela regardez les loups, les lions et les aigles. Après tout, vous n'êtes pas si différent d'eux.

Post Scriptum : ou les singes, ou les porcs...

Luc

7

Mon Cher,

Comme toujours, je sais ce que vous pensez, alors je peux vous aider tout de suite. J'espère que vous appréciez déjà l'énormité du travail que je fais pour vous ? Comme votre confident et ami, je vous chuchote à l'oreille des solutions toutes faites qu'il vous suffit de mettre en pratique. Je suis heureux que vous ayez enfin commencé à me prendre au sérieux. Il n'y a rien de mal à écouter quelqu'un qui est plus âgé et plus intelligent que vous, comme votre frère aîné, et donc, je vais vous écrire sur l'amitié et la fraternité.
Il n'y a pas de grand mot plus noble, n'est-ce pas ? La fraternité est le lien interpersonnel le plus proche... et pas seulement interpersonnel. Tu es mon petit frère, nous sommes liés par des liens de sang, même si je n'en ai pas. Nous avons besoin les uns des autres, votre existence définit mon existence, et je vous donne la

connaissance et la liberté sans lesquelles vous ne seriez pas vous-même. Nous sommes comme un couple d'amis qui s'écriraient des lettres de voyage.

La fraternité et l'amitié ont deux visages. Le premier est beau, comme lutter pour le bien commun, comme prendre soin les uns des autres, comme lutter pour le respect et la tolérance. Mais avouons-le – ces grandes valeurs ne sont rien de plus qu'une réponse aux besoins pragmatiques des gens. Votre ami a besoin de vous, comme moi par exemple, vous lui êtes utile, donc il est votre ami. Vous êtes des animaux fait pour le troupeau, vous mourez lorsque vous êtes seul, vous devez donc nouer les relations interpersonnelles les plus sophistiquées pour survivre. Votre ami passe du temps avec vous parce qu'il vous aime, parce qu'il se sent bien avec vous. Mais ne s'agit-il pas seulement de motivations égoïstes ? Il le fait pour lui-même, pas pour vous... Tout comme vous, vous ne rencontrez que des gens qui vous donnent quelque chose en retour... Au moins un sentiment d'acceptation. Il n'y a pas d'amitié vraie et désintéressée, et vous, mon cher, comme chaque personne sur votre planète, vous n'êtes qu'un égoïste amoureux de vous-même. Exactement comme moi, d'ailleurs, c'est pourquoi nous formons une si bonne équipe.

La fraternité n'est pas très différente de l'amitié. Vous avez vous-même des frères et sœurs, vous savez donc de quoi je parle. Les sentiments que vous avez pour votre frère ou votre sœur sont aussi compliqués que vous. En fin de compte, vous avez dû accepter le fait que vous n'étiez pas seul, vous vous y êtes habitué et vous avez finalement noué des liens avec votre grand frère tyrannique ou avec ce petit coquin dont vous deviez

vous occuper. Mais est-ce de l'amour ?Je dirais pluôt de l'habitude,. J'appellerais ça le syndrome de Stockholm, où la victime se lie d'amitié avec son bourreau.
Alors, qui est votre ami? Ou qui est votre proche ou votre frère ? Vous êtes tous des égoïstes avec un système émotionnel défectueux. Si vous acceptez ce fait, croyez-moi, vous ferez un grand pas vers la réalisation de votre bonheur privé.

Luc.

Cher étrange créature,

Pardonnez-moi d'avoir enfreint la règle sacrée de la correspondance et d'avoir ajouté une lettre de ma part dans cette enveloppe. Je suis votre ange gardien, et voyant à quel point notre adversaire vous manipule, j'ai décidé d'utiliser sa méthode pour vous contacter. Je vous écrirai de temps en temps, mais ne pensez pas que ce sera facile et agréable. De jolis petits anges aux visages joufflus et souriants n'apparaissent que dans les peinture de la Renaissance. Traitez-moi plutôt comme votre conseiller financier qui vous dit comment investir votre argent judicieusement. Vous êtes en possession d'une énorme fortune, dont vous ne vous rendez peut-être même pas compte, mais il n'en restera peut-être plus rien dans un instant. Celui qui signe si gentiment, Luc, essaie en fait de vous voler. Mais qu'est-ce que j'écris ?! Vous savez déjà tout, mais d'une manière ou d'une

autre, vous préférez croire aux bêtises. Ce ne sera ni facile ni agréable avec moi, alors si c'est le but de votre vie, arrêtez de lire ces lettres. Vous n'avez pas besoin de l'aide de Luc pour devenir un idiot.
L'amitié et la fraternité sont parmi les mots les plus usés de l'histoire, comme l'amour, la beauté, la foi, la vérité ou la bonté. Ce n'est pas pour rien que le bon Oncle Luc a commencé à vous laver le cerveau avec eux. Vous vous demandez qui est vraiment votre ami ? Qui est votre frère?
Vous êtes un ami si vous aidez quelqu'un de manière désintéressée, si vous l'écoutez ou si vous lui prêtez de l'argent. C'est seulement dans cette tonalité que l'on peut parler objectivement d'amitié. Vous serez l'ami et le frère de quelqu'un lorsque vous ne vous demanderez pas s'il en est un, et alors vous prouverez à Luc que l'amitié et la fraternité ne sont pas des mots vides de sens.

Cordialement,

votre ange.

Les lettres du diable gardien

8

Mon Cher,

Je ne sais pas d'où vient votre soudain intérêt pour la philosophie et l'éthique, en particulier... Je vous ai déjà prévenu qu'il ne fallait pas discuter de sujets dangereux, car cela peut vous menacer de conséquences très désagréables. Mais je ne vais ni vous menacer ni vous punir pour votre curiosité... Après tout, c'est le premier pas vers l'enfer...
De toute façon, depuis que vous avez commencé à jouer à Socrate avec vos pensées, vous n'êtes plus en sécurité. Je ne sais pas ce qui se passe, mais je sens un intérêt accru pour vous dans des cercles auxquels je n'ai pas accès.
Les vacances approchent pour vous tous. Un moment que j'aime beaucoup personnellement. Il vous faut une pause dans les affaires quotidiennes. Vous n'en avez pas marre de tout ça ? Allez à la plage, prenez un verre et commencez à agir comme un vrai vacancier. Je vous

regarderais de loin alors j'espère vous voir vous amuser. Après tout, c'est ça le bonheur, n'est-ce pas ? Cela dépend de ces moments d'oubli fugaces.
Depuis quelques jours, vous vous demandez ce qu'est la liberté, et la chose est prosaïquement simple. Personne ne peut vous imposer la façon dont vous vous comportez, les choses que vous faites ou dites, ou alors les endroits que vous fréquentez. Même moi, je ne peux pas vous ordonner quoi que ce soit, même si je souhaiterais que vous arrêtiez de penser, par exemple... Vous etes libre, alors faite ce que vous voulez... Vous n'êtes limité que par les dispositions légales, vous savez, celle que vous pouvez contourner d'une manière ou d'une autre. Alors amusez-vous, oubliez tout et lancez-vous enfin. Vous ne voulez pas être un vieux ringard, n'est-ce pas ?
Bonnes vacances. Je garderai un œil sur vous et vous enverrai la prochaine lettre à votre retour.

Luc.

Cher homme sans esprit,

Votre ami sait parfaitement comment vous aborder et vous vous laissez menez par le bout du nez, comme un singe de cirque. Il vous laisse délibérément tranquille pendant les vacances, car il sait que ce sera un moment très bénéfique pour lui même sans ses lettres. Malheureusement, la philosophie seule ne suffit pas à faire de vous une personne bonne et responsable, ce dont il est bien conscient.

Ne voyez-vous pas qu'il utilise des vieux trucs, connus depuis des années ? Des slogans tels que « faites ce que vous voulez » ou « vous êtes libre, donc personne ne peut rien vous dire » ne sont que des foutaises…

Oui, vous êtes libre, et donc vous pouvez même, dans votre stupidité écouter la « sagesse » de votre ami Luc. Mais je vais vous dire la vérité : la liberté, c'est faire un choix qui ne vous asservira pas. Quand Luc parle de liberté, il vous montre le chemin d'un toxicomane, d'un alcoolique ou d'un suicidaire et vous dit "tu peux le choisir, tu es libre !" et vous savez quoi? Vous pouvez le choisir. Cela vous rendra-t-il libre ? Il en est ainsi, vous ne serez libre que si vous choisissez bien, sinon - croyez-moi, votre liberté prendra bientôt fin. Gardez cela à l'esprit pendant vos vacances.

Post Scriptum. Je garderais aussi un œil sur vous.

Votre ange.

Les lettres du
diable gardien

9

Mon cher,

Comme les vacances se sont vite terminées... Et maintenant, mon pauvre, vous devez reprendre votre rythme quotidien : travail, famille, sommeil. Comme je vous plains ! Cette vie est inhumaine, je le dis toujours.

Pour commencer, je tiens à vous féliciter, vous avez fait du bon travail allongé sur la plage en sirotant des boissons. Après tout, vous méritiez un peu de repos après tant de mois de travail. C'est bien que vous ayez réussi à oublier tout ce monde bien gris.

Allongé sur la plage, cependant, vous aviez une certaine insatisfaction dans votre esprit. Ne soyez pas surpris - après tout, vous êtes comme une reine qui demande encore et encore: miroir, dis-moi si je suis le plus riche ? Suis-je le meilleur ? Suis-je le plus intelligent ? Le plus fort ? Bien sûr, pas dans le monde, mais entre vos amis. Après tout, il est difficile, chaque jour, de gravir les marches glissantes de la hiérarchie, mais cela donne un sens à la vie. Vous êtes meilleur que les autres dans de nombreux domaines, vous êtes plus intelligent et plus instruit que beaucoup. Vous avez choisi vos amis exprès pour ne pas être le pire. Ne vous inquiétez pas - vous êtes dans la meilleure position financière dans votre groupe, vous êtes également dans la meilleure condition physique.

Et puis soudain vous êtes allé au bord de la mer et la bombe a explosé... Quand vous avez vu ces yachts... ces hôtels et restaurants que vous ne pouvez pas vous permettre. Les jeunes filles en bikini ne vous regardaient même pas, et vous avez garé exprès votre voiture loin de la plage...

Cependant, n'oubliez pas que je suis votre miroir et je dis : vous êtes toujours le plus riche, le plus beau et le plus sage du monde. Vous avez juste besoin de réduire votre monde à la taille de votre groupe d'amis qui vous comprennent, vous acceptent et parfois vous admirent. Assez de ces vacances et frustrations... Le bonheur est à portée de main. Regardez vos amis, leurs vieilles voitures, leurs femmes moches et leurs enfants stupides, et vous vous sentirez mieux tout de suite.

Cordialement,

Luc.

Homme crédule,

Vous cherchez le miroir de la reine parce que vous voulez qu'on vous dise que vous avez de la valeur, que vous n'êtes pas absolument rien. Mais connaissez-vous la fin du conte de fées sur cette reine ? Le miroir a finalement été brisé en milliers de millions de morceaux, et chacun d'eux est tombé dans l'œil de chaque personne dans le monde. Tout le monde a un morceau du miroir de la méchante reine dans les yeux, ce qui les irrite et les pique, mais personne n'est capable de l'enlever. Ce miroir n'apporte pas le bonheur, il ne donne qu'une vision déformée du monde. Cela vous fait voir des gens partout plus beaux, plus riches et plus heureux que vous, mais sachez qu'ils ont tous aussi des morceaux du même miroir. Cependant, il existe un médicament qui dissout progressivement ces morceaux, et guérit les personnes malade de jalousie et d'orgueil. Cette médecine miraculeuse est l'humilité. Cependant, je ne vais pas vous donner de définitions ici, ni expliquer ce que vous savez déjà. Je vous souhaite un vrai bonheur qui est un effet secondaire du médicament que je vous recommande.

Votre ange.

Les lettres du diable gardien

10

Mon cher,

Vous me faisiez - je dirais - mourir de rire avec votre misérable philanthropie. Donner de l'argent à un musicien de rue... Je ne comprends pas... Si vous lui aviez donné 50 centimes, je l'aurais compris, mais autant ? Avez-vous trop d'argent? Écoutez vos parents, vos amis ou votre femme qui n'arrêtent pas de dire : ¨L'argent peut ne pas vous apporter le bonheur, mais s'il n'y a pas d'argent, c'est toujours un malheur¨.
En tant que votre conseiller, dois-je vous expliquer que vous devez prendre soin de vos finances ? Votre bien-être et celui de votre famille dépendent de vous, et la prodigalité n'est en aucun cas recommandée. Mieux vaut aller au casino, alors peut-être gagnerez-vous quelque chose. En faisant cela, vous avez perdu votre dîner au restaurant d'un seul geste ... Ou un livre pour votre enfant.

Vous pensez que je vous persuade d'être méchant. Rien ne pourrait être plus faux. Je veux juste que vous pensiez trois fois à vos besoins urgents plutôt que de soutenir un toxicomane potentiel dans la rue. Après tout, cet homme ne pouvait même pas jouer ! Non, je n'essaie pas de vous persuader d'être avare, mais d'être raisonnable. Pensez à ce à quoi tous vos amis pensent : un appartement qui pourrait être plus grand, une voiture qui aurait déjà dû être remplacée et des vêtements qui sont votre carte de visite. Pensez à vous, à vos rêves, vos vacances, vos voyages ou vos passions. Pouvez-vous vous permettre tout cela ?
Mais ne m'écoutez pas, écoutez votre mère ou votre femme ou vos collègues de travail. Tout le monde vous dira que j'ai raison. Parce que j'ai raison.

Luc.

Bienvenue,

Votre conseiller pourrait avoir bien raison, mais ses intentions ne sont pas aussi pures qu'il y paraît. C'est aussi différent que la prodigalité de la générosité, tout comme l'économie de la cupidité. Vous savez vous-même que la frontière entre elles est toujours mince. Comme d'habitude lorsqu'il s'agit de modération et de ne pas aller aux extrêmes.
Votre conseiller s'est indigné du geste du cœur sincère, mais laissez-moi vous dire quelque chose maintenant.

"Donner ne veut pas dire perdre, et plus vous donnez, plus vous grandissez." C'est ce qu'écrit Saint-Exupéry. Vous allez penser que c'est juste une belle pensée, poétique, donc comme toute poésie, complètement inutile. Mais c'est tout le contraire. La générosité vous rend grand, tout comme votre cœur. Car si vous aimez votre femme de tout votre cœur, cela veut-il dire que vous n'aurez pas assez de coeur pour votre enfant ? Et puis pour les parents ? Et puis pour les amis ? Si vous donnez tout votre cœur à une personne, c'est incroyable, mais vous n'avez pas à en donner moins aux autres. Au contraire. Si vous n'aimiez que votre ami et personne d'autre, vous lui donneriez bien peu. Il gagnerait plus si vous aimiez d'autres que lui.
La question est : qu'avez-vous vraiment donné à ce musicien : du cœur ou juste de l'argent ?

Ton ange.

Les lettres du diable gardien

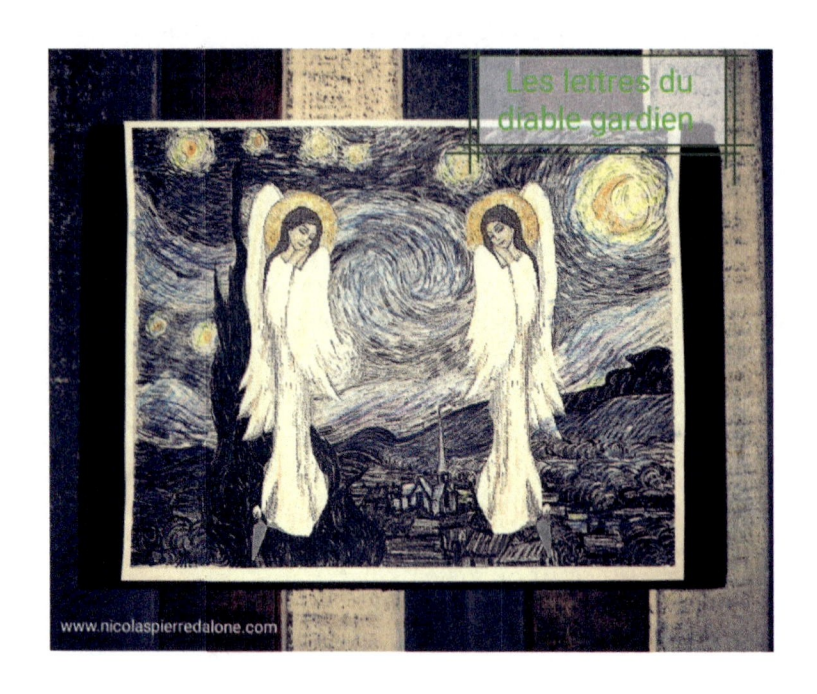

11

Mon cher,

La seule pensée du mot que vous voulez dire me rend malade. La pureté est un terme d'une autre époque, lorsque les nobles chevaliers, après le massacre des dissidents et l'incendie des sorcières, se demandaient s'ils devaient remplir leurs obligations de mariage avec leurs vilaines épouses, ou s'ils pouvaient s'entendre avec les paysanes. Pour qu'il n'y ait pas trop de salauds dans le monde, la vertu de pureté a été introduite comme l'une des plus importantes du code chevaleresque.
Mais les temps ont changé. Vous avez crée une société libérée de garçons intelligents et de femmes instruites qui savent très bien comment ne pas contracter le SIDA, et pour d'autres maladies comme la grossesse, vous avez plusieurs moyens.
La propreté est un mot qui doit être oublié, ou - à comprendre littéralement comme le souci de l'hygiène.

Maintenant écoutez-moi très, très attentivement. Si jamais quelqu'un vous dit où, avec qui et quand vous pouvez "le" faire et que vous l'écoutez calmement, vous perdrez la bonne opinion que j'ai de vous, non - vous perdrez complètement le respect que j'ai pour vous. Si vous laissez un prêtre ou un autre charlatan qui chatouille des femmes ou des garçons vous dire quoi faire à ce sujet, je vous promets que j'arrêterai de vous écrire.
J'espère que j'ai été clair. Votre liberté, votre corps, au diable le reste.

Luc.

Bienvenue,

Si je croyais que ton conseiller arrêterait vraiment de te parler, je t'aurais envoyé un prêtre au lieu d'une lettre...
Luc écrit sur des sujets difficiles avec une simplicité exagérée comme d'habitude. Comme il lui est facile de convaincre tout le monde que la liberté est l'anarchie... La pureté de cœur à laquelle vous réfléchissiez est bien plus vaste qu'une question de sexe.
Le cœur crée sa propre atmosphère spécifique autour de lui. Un cœur pur en est un avec une atmosphère transparente qui permet de voir clairement autour. Ensuite, les relations, les sentiments ou les désirs semblent clairs. En revanche, lorsque de la fumée ou des gaz lourds et sales apparaissent dans l'atmosphère, tout ce qui semblait auparavant clair devient déformé, flou

ou invisible. Il est alors facile de confondre des questions clés telles que l'objectif avec les moyens d'atteindre celui-ci. Un tel cœur, plein de vapeurs empoisonnées, pense que le bonheur est plaisir et que l'amour s'associe aux papillons dans le ventre. Cependant, lorsqu'il a une atmosphère pure, il peut vous dire ce que vous pouvez et ne pouvez pas faire. Écoutez votre cœur, pas le diable. La pureté est la capacité de percevoir le monde correctement, c'est la clarté des émotions et des désirs. Décidez vous-même si vous voulez vraiment réduire ce mot au simple lavage des mains.

Ton ange.

Les lettres du
diable gardien

www.nicolaspierredalone.com

12

Mon cher,

Je suis fatigué de vos dilemmes. Vous êtes déraisonnablement philosophique. Je vous le dis - des pensées vraiment étranges vous viennent à l'esprit. Dois-je vraiment vous expliquer cette fois que la modération est un mot d'une autre époque ? Non. Je vais vous dire une chose avec laquelle il vous sera difficile d'être en désaccord : si vous voulez quelque chose et que vous ne vous y consacrez pas complètement, vous risquez de ne pas l'obtenir. Si vous voulez gravir le Mont Blanc, et que vous ne faites pas beaucoup d'efforts pour vous entraîner intésement au préalable, récolter du matériel et de l'argent pour l'expédition, je vous dis que vous ne pourrez même pas gravir les 500 premiers mètres, ou pire - vous ne pourrez même pas quitter la maison.
Si vous aimez une femme, aimez-la pleinement pour que la tempête d'émotions dure le plus longtemps possible.

Attisez les braises au lieu de les éteindre. Si vous avez faim - mangez, si vous avez soif - buvez. Et si vous en avez marre de tout, choisissez l'un des stimulants disponibles légalement ou non. Au final, le bonheur c'est d'oublier le malheur, de tout oublier, et de se laisser emporter par les vents impétueux qui emmèneront votre bateau dans des eaux inconnues. N'est-ce pas cela la vie ? Pleine et joyeuse ? Alors arrêtez de vous prendre la tête et commencez enfin à vivre.

Luc.

Bienvenue,

Vous ai-je déjà écrit sur « La souffrance du jeune Werther » ? Goethe a écrit un roman sur un homme qui, à cause de son amour malheureux, s'est tiré une balle dans la tête avec une arme à feu. Il en est mort évidemment. Ce roman innocent a provoqué une vague de suicide chez les jeunes.
Luc vous montre à nouveau le chemin qui mène au gouffre et dit en même temps : bannissez les concepts d'une autre époque ! Bandez vous les yeux et plein gaz !
Avec la modération, il s'agit de vérifier l'itinéraire sur le satellite, d'installer un GPS et de s'en tenir à la vitesse en restant concentré. Luc vous dirait : buvez sur la route et vous verrez que vous serez comme un pilote de rallye. Ne vous leurrez pas - vous ne deviendrez pas un pilote de rallye après avoir bu de l'alcool. Vous deviendrez un cadavre ou un meurtrier.

La modération, c'est avant tout travailler à pouvoir maîtriser ses envies et ses émotions au nom de valeurs supérieures dans des circonstances difficiles. Bref - arrêter d'être un vilain enfant qui, lorsqu'il verra une barre chocolatée dans un magasin, fera tout, y compris piétiner, crier et pleurer, pour que sa pauvre maman finisse par lui acheter.
La modération est un travail de longue haleine sur vous-même. C'est un apprentissage difficile et fastidieux de s'oublier pour le bien de quelqu'un d'autre. C'est le chemin vers la vraie liberté.
Savez-vous qui a gagné la Seconde Guerre Mondiale ? Les communistes qui ont réduit en esclavage des millions de personnes ? Ou peut-être les pays occidentaux qui ont réduit en esclavage des centaines de millions de personnes sous couvert de liberté ? Laissez-moi vous dire ce sont les Edith Stein et Maximillien Kolbe l'ont gagné. Ils ont apprit pendant des années à contrôler leurs émotions afin de pouvoir oublier non pas le monde ou la souffrance, mais eux-mêmes dans un moment difficile. Luc vous propose de vous enfuir, et je vous propose de faire face. Choisissez qui vous préférez écouter.

Votre ange.

Les lettres du diable gardien

13

Bienvenue.

Vous êtes peut-être été surpris par le fait que votre diable gardien ne vous ait écrit aucune lettre cette fois. Rien d'étonnant, car cette fois il n'aurait rien eu à écrire. Il voit parfaitement que vous n'allez pas bien et il en est content.
Je sais parfaitement ce qu'il pourrait vous écrire : « Arrêtez de penser aux autres, pensez à vous…La patience ? Si quelque chose ne fonctionne pas pour vous, cela signifie que vous n'êtes clairement pas créé pour cela. Faites autre chose." Il ne l'a pas écrit parce que c'est ce que vous pensez donc cela n'a pas de sens qu'il vous dérange.
Je pourrais à mon tour vous écrire à quel point il est important de travailler sur soi, qu'il faut être patient et persévérant, et qu'il ne faut pas s'attendre à des résultats trop vite. Je pourrais vous écrire que si vous voulez apprendre à jouer du piano ou de la guitare, ne vous

attendez pas à ce qu'au bout d'une semaine vous soyez pianiste ou guitariste, que cela demande de nombreuses années de sacrifice et d'énormes efforts.
Mais je ne vous écrirai pas cela.

Vous demanderez - pourquoi ? Parce que je ne veux pas vous encourager à faire preuve de patience pour elle-même. La patience est la capacité de supporter l'adversité et d'attendre un effet, c'est la définition de Wikipedia. C'est correct et bon, mais pourquoi devriez-vous attendre un effet, ou dans quel but endurez-vous l'adversité ? Voyez : si un garçon aime une fille, il sera patient avec elle. Il attendra si elle est en retard, puis il écoutera longtemps ce que son amie lui dit. Si vous aimez votre enfant, vous lui parlerez avec toute la patience du monde des choses que vous connaissez déjà et qui vous ennuient. Patiemment, vous l'aiderez également à remettre ses chaussures et pardonnerez à nouveau ses erreur.
Je veux dire, la patience est un effet de l'amour. Vous pouvez vous entraîner avec patience, ce qui est très bon en soi, mais n'est-ce beaucoup plus efficace de pratiquer l'amour ?
La patience, la douceur, la maîtrise de soi et bien d'autres compétences apparaîtront alors naturellement.

Ton ange.

Lettres du
diable gardien

www.nicolaspierredalone.com

14

Mon cher,

Je ne peux pas comprendre que vous soyez si occupé. Je comprends votre travail professionnel, quelqu'un doit gagner de l'argent, mais tous vos projets, réunions et cours sont vraiment inutiles. C'est peut-être un objectif personnel, mais je vous rappelle que la curiosité est le premier pas vers l'Enfer. Le travail, c'est pour gagner de l'argent, point final. Est-ce que quelqu'un sera en désaccord avec moi ? Quelqu'un aurait-il travaillé s'il n'avait pas été payé pour cela ? Le cuisinier cuisinerait-il ? Le chauffeur du bus se réveillerait-il à cinq heures du matin « pro bono » ? Donc, si vous devez faire quelque chose en dehors des heures de travail, demandez au moins à être payer... Deuxièmement, que pouvez-vous apprendre de plus ? N'avez vous pas déjà obtenu votre diplôme ? Pourquoi avez-vous besoin d'apprendre l'espagnol ? Vous n'habiterez pas en Espagne de toute façon...

Je ne vous comprends pas du tout. Au lieu de se mettre à l'aise après le travail, d'allumer la télévision ou au moins de prendre une bière, il faut toujours que fassiez plus. Et toujours cette malheureuse philosophie... Combien de lettres vous ai-je déjà écrites, sur la beauté, sur la vérité, sur la foi et l'amour, et vous semblez ne rien comprendre...

Je vais vous raconter le secret du bonheur, écoutez bien : Le bonheur est le moment où vous oubliez le monde gris, les problèmes, les gens qui vous font chier, et même vous-même, si imparfait, mais frustré par cela. Le bonheur est un instant fugace à attraper. Il vient à l'improviste et il repart de la même manière. En un mot, le bonheur, ce sont les enzymes qui sont libérées dans votre cerveau. C'est de la dopamine ou d'autres endorphines, mais qui sait exactement comment cela fonctionne là-haut ?

Le travail ne fait généralement pas éclater les endorphines... Le travail fait plutôt que votre dos est tordu.

Luc.

Bienvenue,

J'avoue avoir été amusé par la lettre de votre conseiller. Avec la persévérance digne d'un athlète, il essaie de vous convaincre de ses arguments. Il est également incroyable en cela, car il montre lui-même par son exemple que la diligence paie après tout.
Permettez-moi de partager avec vous ma recette du bonheur : il s'agit de se fixer un objectif et d'avancer pas à pas. Les étapes doivent être suffisamment petites pour être réalisables afin que vous ne vous découragiez pas accidentellement après les premières. C'est ainsi que l'on perce la roche - goutte à goutte, patiemment et avec diligence. Atteindre de petits succès quotidiens donne encore plus de bonheur que d'ouvrir une bière, car cela donne quelque chose d'extraordinaire - un sentiment d'épanouissement personnel. Il n'y a pas de plus grand bonheur que de se sentir sur la bonne voie. Cela ne s'accompagne peut-être pas de la puissante poussée d'endorphines d'une drogue, mais il y a la paix et le contentement.
Le travail peut apporter le bonheur, tant qu'il n'est pas fait uniquement pour l'argent et s'il ne devient pas un bourreau. Et en particulier, le travail sur soi.

Votre ange.

Lettres du
diable gardien

www.nicolaspierredalone.com

15

Mon cher,

La sagesse est un concept que les vrais scientifiques ont cessé d'utiliser il y a longtemps. La sagesse n'existe pas en psychologie. Oui, il y a le caractère, la personnalité, l'intelligence, l'émotivité ou la capacité de penser de manière abstraite ou logique, mais vous ne trouverez pas de définition de la sagesse. La philosophie a depuis longtemps renoncé à ce sujet, tout comme l'anthropologie, la sociologie et l'économie. La sagesse est un concept absurde qui signifie beaucoup et rien à la fois.
À votre avis, que serait un homme aussi "sage" ? Ne sommes-nous pas tous égaux ? Cette égalité s'exprime dans le fait que nous faisons tous des erreurs, que nous sommes loin d'être idéaux. Malgré les différences apparentes d'intelligence ou d'éducation, qui ne signifient rien, nous sommes en réalité tous les mêmes. Dans ce monde, un ouvrier peut être plus sage qu'un

médecin, et un adolescent de quinze ans peut être plus sage que son grand-père.

La sagesse vient d'une autre époque historique, c'est le vieux langage d'une culture patriarcale qui honore l'esclavage et écrase les femmes. Ce mot méprise l'égalité car il suggère que certaines personnes peuvent être plus sages que d'autres.... Et pourtant, chacun a sa propre sagesse, tout comme chacun a sa propre vérité, son sens du beau et sa sensibilité au bien.

Donc, pour finir, si vous voulez entendre quelque chose de valorisant, je vous dirai avec confiance que vous êtes sage. Comme tout le monde...

Luc.

Bienvenue,

Je ne refléterai pas les arguments de votre conseiller cette fois. Ce serait bien si vous commenciez enfin à essayer un peu vous-même. Collectez les arguments comme des timbres-poste, prenez-en soin et mettez-les dans un carnet, car ils créent votre vision du monde.

La sagesse a trois niveaux. Vous êtes au début du premier, après avoir commencé à poser des questions judicieuses. Je ne vais pas vous expliquer quelles sont les questions qui se posent, car vous le savez parfaitement. Le simple fait que vous lisiez les lettres de votre conseiller, ou le miennes, montre que vous cherchez. C'est déjà bien.

Le deuxième niveau que j'espère que vous atteindrez un jour est de commencer à trouver les réponses. La vie ne consiste pas à cherchez tout le temps. Que cela vous plaise ou non, vous devrez certainement commencer à répondre aux questions qui surgiront dans les moments difficiles de votre vie. C'est ainsi que votre carnet de timbres sera créé. Lorsqu'il sera épais et correctement agencé, vous entrerez dans le troisième niveau de sagesse. Ensuite, vous commencerez à le lire comme un livre, car il s'avérera que les timbres s'emboîtent parfaitement et créent de grandes illustrations entières. Lorsque vous atteidrez le troisième niveau de sagesse, vous arrêterez de jouer à la philatélie et commencerez à utiliser votre livret comme une carte pour vous guider chaque jour. La sagesse, c'est vivre selon votre carte morale profondément réfléchie, perfectionnée.
C'est ce que je vous souhaite de vivre.

Votre ange.

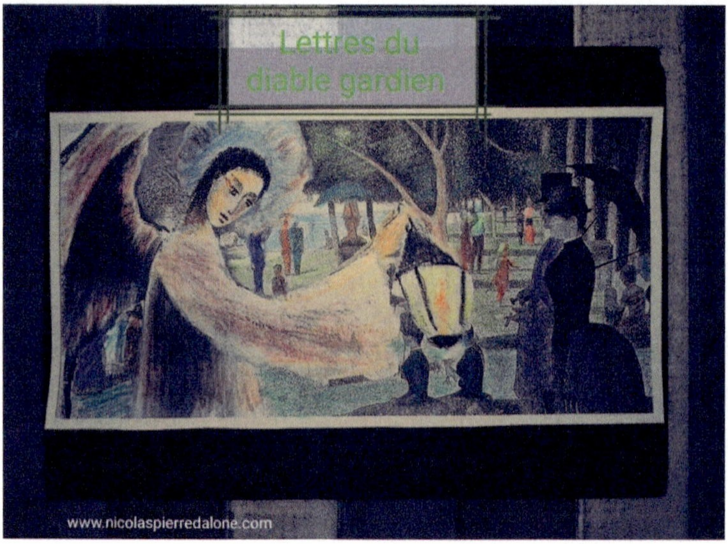
Lettres du
diable gardien
www.nicolaspierredalone.com

16

Mon cher,

Le temps passe inexorablement, mais j'apprends à mieux vous connaître chaque jour. J'ai l'impression que je pourrais lire en vous comme dans un livre plutôt simple à décrypter... Je vais vous le prouver dans un instant.
Vous êtes fier de votre diplôme, de la carrière que vous avez commencé, de votre femme et de vos enfants. Tout cela vous a donné une certaine position dans la société dans laquelle vous êtes devenu une personne respectée. Mais je pense que vous êtes plus fier de ce respect et de cette position sociale que d'autres choses, vous devez me l'admettre. Vous avez votre "grandeur", vous n'êtes plus insignifiant.
Oui, vous l'avez deviné, je veux vous écrire sur la grandeur cette fois. Votre objectif principal est d'être "le plus grand", c'est-à-dire "plus grand que les autres", car c'est de cela qu'il s'agit, vous comparer aux autres. Si vous viviez il y a deux cents ans avec dix fois moins

qu'aujourd'hui, vous seriez plus heureux car les gens autour de vous auraient encore bien moins que vous. Admettez que conduire votre voiture vous procure plus de satisfaction non pas pour le confort, mais parce que les autres conduisent des voitures de qualité inférieure.
Chaque fois que vous vous comparez aux autres, vous évaluez et donnez des points pour l'apparence, l'éloquence, les revenus, le sens de l'humour, l'origine, le mode d'expression et même les loisirs. Vous évaluez les choix et les points de vue. Et vous savez quoi? Vous etes vraiment doué pour ça. La chose la plus importante, cependant, est que vous en ressortiez grand à chaque fois. Après tout, vous êtes assez éloquent et instruit. Vous avez parcouru un long chemin et je peux vous garantir que vous en obtiendrez encore plus. Vous gagnerez encore plus de d'argent, conduirez une voiture encore meilleure, vous aurez un appartement encore plus grand et les gens vous respecteront encore plus. Comment dit-on ? Le plus important c'est la santé...
Je suis très heureux que tout soit si beau pour vous dans la vie. Vraiment. Croyez-moi, c'est moi le plus heureux de vos succès.

Luc.

Bienvenue,

Omnia vanitas... C'est tout ce que j'ai à vous dire. Vanitas vanitatum. Traduisez-le vous-même Monsieur le Grand.

Votre ange,

Lettres du
diable gardien

17

Mon cher,

Si le temps qui passe n'a pas encore commencé à vous accabler, il commencera sûrement bientôt. Les feuilles tombent des arbres, le monde entier semble mourir et s'effacer silencieusement avec le soleil qui s'éloigne et se refroidit. Chacun sent le temps qui passe, qu'il ait dix-huit ou quatre-vingts ans. L'éphémère est inévitable. C'est la pire idée de la nature de vous condamner à mourir lentement. Premièrement, votre jeunesse passera, bien que peu de jeunes s'en soucient, ceux qui le regrette, ont déjà des rides ou des cheveux gris.
Il n'y a pas de prescription contre l'éphémère. Tout ce qui vit doit mourir un jour. Donc? Allons-nous faire de tristes cérémonie commémoratives, ou plutôt un joyeux Halloween ? Que préférez-vous? Carpe diem, profitez de la vie qu'il vous reste et oubliez les rides. Après tout, elles peuvent être recouvertes. Vous allez teindre vos

cheveux gris, mettre un pantalon moulant et tout ira bien, vous pourrez aller au bal. La chose la plus importante est que vous riez beaucoup, que vous ayez l'air heureux et débordant de joie et d'énergie. Tout le monde aime s'entourer de telles personnes. Peut-être qu'ils vous choisiront même pour être le roi du bal ?
Rappelez-vous - cette vie est une fête pour les gens satisfaits et sûrs d'eux qui savent faire s'amuser... Et ne gâchez le plaisir de personne en parlant de ce qu'ils feront le lendemain.

Luc.

Bienvenue,

Je peux vous assurer qu'il y a une bonne perspective d'examiner l'éphémère. La vie n'est ni une comédie, ni une farce, ni un jeu stupide pour adultes immatures, ni, comme le voient d'autres adultes immatures, une tragédie dans laquelle, comme dans Shakespeare, tout le monde meurt à la fin.
Luc voit deux manières - soit vous vous apitoyez sur votre sort et tremblerez de peur de l'inévitable, soit vous ferez de votre mieux pour oublier. Vous pouvez prétendre être heureux et épanoui, vous pouvez même croire que ceux qui vous entourent rient sincèrement, qu'ils se sentent vraiment satisfait dans cette danse, et que la musique sur laquelle ils tournent est la plus belle du monde.

Je ne sais pas quels immatures font le plus pitié. Ceux qui paniquent et tremblent de peur, ou ceux qui prétendent que le Titanic ne coule pas?
Ne voyez vous vraiment pas qu'il y a une troisième voie?
Vous ne pouvez pas voir ou ne voulez pas voir ?

Votre ange.

Lettres du
diable gardien

www.nicolaspierredalone.com

18

Mon cher,

Savoir, savoir, savoir. C'est en fait la plus grande valeur, car grâce à elle, vous pouvez prolonger la vie humaine lorsque la santé fait défaut. Ce n'est que grâce à elle que vous avez la nourriture, le logement, les divertissements et toutes sortes de plaisirs. Ce n'est que grâce au développement des connaissances que vous avez une chance de ne pas disparaître dans l'extinction de masse des espèces que vous avez provoquée sur votre planète. C'est par la connaissance que vous créerez bientôt une conscience artificielle qui vous dépassera. Pour parler comme à une autre époque : grâce à la connaissance vous êtes devenu l'égal de Dieu.
C'est la première fois que je suis complètement d'accord avec vous, je ne me moque pas de vous ni ne vous condamne. Oui, la connaissance est tout ce dont vous avez besoin, c'est ce qui vous manque encore pour

atteindre le bonheur complet, ou peut-être même l'immortalité.

Vous ne pouvez compter que sur la connaissance et vous enrichir dessus.

Luc.

Bienvenue,

A chaque fois je veux vous l'écrire en majuscules : LA LETTRE PRÉCÉDENTE ÉTAIT ECRITE PAR LE DIABLE. Cette fois, je ne pouvais plus le supporter et je l'ai finalement écrit ... Peu importe à quel point c'est logique, à quel point cela s'agence bien ou que vos amis et peut-être votre famille vous disent la même chose. Si vous êtes d'accord avec sa vision du monde, commencez serieusement à réfléchir sur vous-même.

La connaissance... Elle est bonne en soi en ce qu'elle vaut mieux que l'ignorance, tout comme l'existence est mieux que la non-existence. Mais il n'y a que l'homme qui puisse bien ou mal utiliser la connaissance, guérir ou tuer. Grâce au savoir, la dynamite fut créée pour aider les gens dans les carrières. Cependant, son inventeur, Alfred Nobel, voyant à quoi elle servait vraiment, finança le prix portant son nom pour apaiser ses remords. La nature humaine est perverse, elle peut créer un Zyklon B ou une bombe atomique. Tant que l'homme n'avait qu'un bâton ou une massue, il ne pouvait pas faire beaucoup de dégâts.

Meme si vous avez une grande connaissance, cela ne vous sauvera pas de votre nature. Peut-être que cela vous fera vivre 120 ans, mais cela ne vous rendra pas plus heureux et certainement pas plus sage.
Je vais vous dire quelque chose à la fin. Luc a des connaissances dépassant vos rêves, mais cela ne change rien au fait qu'il reste le plus grand idiot du monde. Pourquoi? Répondez vous-même.

Votre ange.

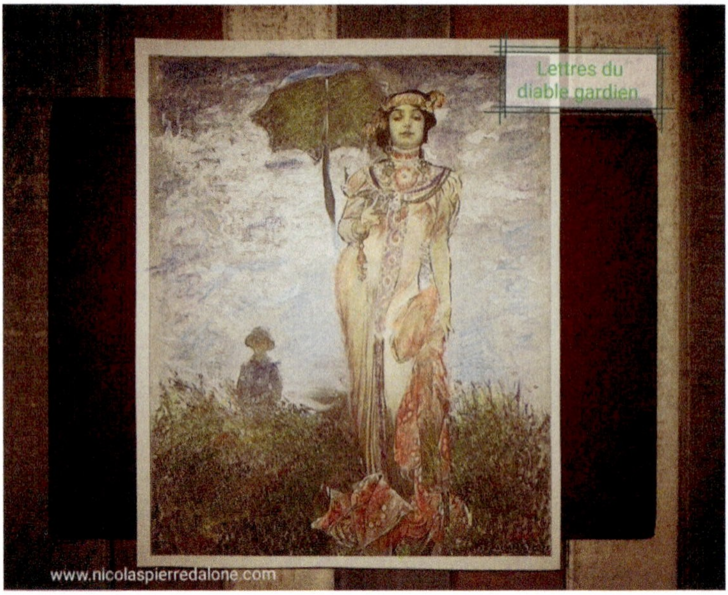
Lettres du
diable gardien
www.nicolaspierredalone.com

19

Mon cher,

Je peux vous assurer que votre vision de la vie est correcte. Je veux vous présenter deux très bonnes tendances populaires que vous avez déjà consciemment commencé à appliquer.
Premièrement, ce ne sont pas les règles qui comptent, mais les désirs. Réfléchissez, concentrez-vous sur vous-même et en vous-même. Si vous découvrez vos désirs les plus profonds, mettez-les en pratique. Il faut être dur, courageux et intransigeant. Après tout, c'est ce qu'exige le combat pour votre propre bonheur. Si vous découvrez en vous-même, quelque part au plus profond de votre personnalité, que votre désir est de voler comme un oiseau, faites tapis et donner tout ce qu'il faut pour réaliser ce rêve. Alors vous verrez que le monde entier vous aidera. Un miracle se produira et de nulle part il y aura une paire d'ailes tout à fait décente pour vous.

Deuxièmement, ne vous inquiétez pas pour le reste. Vous etes ce que Vous etes. Vous faites des erreurs, parfois vous prenez de mauvaises décisions. Errare humanum est ... Nous errons tous dans le noir à la recherche de notre propre bonheur.

Luc

Bienvenue,

Seriez-vous surpris si je vous disais que c'est en fait tout le contraire ? Les principes de votre conseiller vous apprennent à vous concentrer uniquement sur vous-même, sur vos propres désirs et sur votre propre bonheur. À première vue, il n'y a rien de mal à cela, mais ne pensez-vous pas à un mot pour quelqu'un qui fait exactement cela ? N'est-ce pas le mot « égoïste ? »
Je vous assure que si vous vous concentrez uniquement sur vos propres désirs, vous deviendrez la plus malheureuse des personnes. De plus, vous rendrez tout le monde malheureux autour de vous...
Laissez-moi vous dire une chose : votre conseiller peut vous trouver des ailes, c'est possible. En les transplantant sur vous, en les faisant pousser artificiellement, ou même une simple prothèse. Peu importe. Mais je vous assure que même si vous avez des ailes, même si vous volez, vous ne deviendrez jamais un oiseau ! Par contre vous pouvez cesser d'être humain...

Je signerais cette lettre "sur l'ambition" car, en fait, c'est de cela dont nous parlons. Et surtout la deuxième règle s'applique à elle.

Changez ce que vous pouvez réellement changer. Soyez ambitieux, car cela déterminera qui vous serez dans un an. Vous ne serez jamais un oiseau, mais vous pouvez devenir, par exemple, un homme plus sage. Soit plus instruit, serviable ou calme, soit amical, courageux ou sincère. Si vous êtes ambitieux... Sinon, vous deviendrez un stupide égoïste qui se fout de tout et au lieu d'être une aide et une source de force pour tout le monde, vous penserez seulement à voler parmi les nuages roses. Finalement, vous souffrirez, car vous commencerez à croire que le monde entier est contre vous car il refuse de reconnaître votre transformation en oiseau. S'il vous plaît, ne devenez pas un idiot si malheureux... Ne cherchez pas vos désirs cachés, seulement la vérité.

Une fois que vous aurez trouvé la vérité, apprenez à l'accepter avec courage. Pensez plus aux autres qu'à vous-même et vous verrez à quel point vous deviendrez heureux. Qui vous serez dans un an dépend de vous et ne laissez personne vous dire le contraire.

Votre ange.

Lettres du diable gardien

20

Mon cher,

Pourquoi l'homme pense-t-il autant à qui il est ? Pourquoi ne peut-il pas simplement reconnaître son insignifiance et arrêter une fois pour toutes de créer des mythes sur son origine ou son destin ? Les civilisations du monde de tous les temps ont écrit d'épais volumes d'absurdités sur Prométhée qui a fabriquer les homme avec de la terre, le dieu des juifs et des chrétiens qui l'a fait à partir d'argile, ou Veles - la divinité des Slaves qui a fait le premier peuple à base d'osier, de sueur et de terre. Donc qui êtes-vous? La saleté derrière les ongles de vos prêtres ! Mais l'homme veut être grand. Il l'a toujours voulu. C'est pourquoi il a inventé le Valhalla, les Champs Elysées ou le Septième Ciel pour donner un sens à sa misérable existence.
Rechercher votre identité est dangereux car la réponse vous décevra. Personne ne veut être personne... J'en sais quelque chose.

Luc.

Bienvenue,

Au-dessus de la porte du temple d'Apollon à Delphes, les pèlerins venus poser leur question à l'oracle voyaient l'inscription "Connais-toi toi-même". C'était la réponse la plus importante que les visiteurs pouvaient recevoir, car c'est toujours la première question à laquelle tout être humain doit faire face pour franchir le seuil de la maturité.
L'identité, c'est d'abord se regarder honnêtement, puis tout ce qui vous entoure. C'est une définition de votre propre place dans le temps et l'espace. Ce n'est qu'alors que nous pourrons nous déplacer avec précision, tant que nous connaissons la géographie de notre propre monde. Ce n'est qu'alors que nous pouvons voir qui est vraiment l'ennemi et de quel côté nous pouvons être attaqués. Grâce à la connaissance de votre propre géopolitique, vous serez solide. Vous saurez qui vous êtes. C'est un bon point de départ pour vous demander ce que vous voulez vraiment. Luc change la donne, en demandant d'abord si vous voulez un bonbon, avant de savoir si vous n'êtes pas diabétique.
L'identité ne naît pas des contes de fées ou des mythes, même si en fait c'est grâce à eux que vous faites partie d'une culture ou d'une civilisation. Ou vous en êtes exclus si vous ne connaissez pas des récits de votre

communauté. Quel genre d'Inuit seriez-vous si vous ne connaissiez pas la langue, les mythes et les légendes des Inuits ? Même si vous vivez au-delà du cercle polaire arctique, portant du cuir et vivant dans un igloo, je suis désolé, mais ce n'est toujours pas suffisant.

Un homme mûr sait parfaitement qui il est, où et avec qui il va. Il avance pas à pas avec audace, est cohérent et responsable.

... et heureux grâce à tout cela.

Votre ange.

Lettres du
diable gardien

21

Bienvenue,

Voyant que le sujet précédent vous intéressait, j'ai décidé que cette fois je vous écrirai quelques mots sur le patrimoine. Je n'ai donc pas besoin d'une lettre du diable pour que vous fassiez de mauvaises associations tout de suite. A l'ère des smartphones et des ordinateurs quantiques, où écrire des e-mails est déjà un anachronisme, en effet « lire » a déjà presque totalement été remplacée par « regarder », aurai-je l'audace d'écrire sur le patrimoine ? Alors à propos de quoi ? De ces vieux palais délabrés de la bourgeoisie qui exploitait le travail des autres ? Ou de poèmes ennuyeux écrits dans une langue incompréhensible ? Ou des peintures de grosses femmes nues au musée ?
Vous êtes convaincus que c'est tout ce que le passé a à vous offrir, toutes ces guerres, cette cruauté, l'exploitation et la torture. Le monde entier a été

enchanté par les technologies qui l'ont changé au-delà du reconnaissable, et ont également changé l'image de l'homme lui-même. Les concepts d'amour, de vérité, de genre et même de bien et de mal sont redéfinis comme s'ils dépendaient de la majorité. Durant des centaines d'années, des définitions ont été découvertes et sont facilement jetées à la poubelle aujourd'hui ou modifiées à la volonté de la foule. L'héritage est un livre dans lequel vous devez puiser lorsque vous êtes vide, et il s'avère que même Wikipédia ne peut pas résoudre vos problèmes, car ce livre a été écrit par des milliers de générations de personnes qui ont eu exactement les mêmes problèmes que vous. Oui, ils ont peut-être vécu dans la Rome antique ou au Moyen Âge, mais ils n'étaient pas très différents de vous.

L'héritage est une chose que vous obtenez gratuitement, mais avec l'intention de le transmettre aux générations futures. Cela rejoint directement la question de l'identité, car pour savoir qui vous êtes, vous devez d'abord savoir d'où vous venez. Et cela s'applique à votre famille, ville, pays, culture, civilisation... Que cela vous plaise ou non, vous ne pouvez pas vous couper de ce qui était, car vous êtes ce que vous avez mangé, ce que vous avez vu et lu.

Tout dépend de ce que vous choisirez à l'avenir, des produits culturels de valeur, tel un bon plat fait maison, ou si vous préférerez accepter tout ce que les grandes entreprises veulent vous vendre, tel un Mc Do à 17h. Si vous embrassez la mauvaise culture durant un certain temps, vous pourriez vous retrouver si malade (ou stupide) que plus rien ne vous aidera...

L'héritage, ce sont des plats soigneusement sélectionnés, éprouvés depuis des générations, qui contiennent

exactement les ingrédients et la quantité dont votre esprit et votre âme ont besoin.
Le seul problème est qu'il faut plonger dans le savoir. Vous avez vraiment besoin d'étudier un peu avant pour comprendre ce qui est bon et ce qui est nocif. Si vous voulez apprendre l'art du vin, vous devez savoir comment il est élaboré, sur quel sol et sous quel soleil les raisins sont cultivés. Vous devrez essayer de nombreuses différentes sortes de classes de vins avant de réussir après de longues années. Mais vous avez tous le même problème : vous êtes paresseux...
Dites-moi, vous préférez vraiment manger des hamburgers bon marché avec vos pires piquettes ?

Votre ange.

22

Mon cher,

Vous avez faim, mangez, vous avez soif, buvez. Si vous voulez regarder votre série préférée, pourquoi pas ? Si vous voulez un hamburger, pourquoi ne pas le manger ? Ne voyez-vous pas que le simple fait de poser de telles questions est - c'est peu de le dire - étrange ? Vous n'avez vraiment rien d'autre à faire ? Vous faites de votre tête une poubelle et vos monologues intérieurs m'agacent.
- Dois-je aller chez un ami ou pas ?
- Dois-je boire une bière ou pas ?
C'est vraiment pathétique. Vous êtes come une fille de quinze ans qui ne sait pas quelle robe porter.
Pour la dernière fois je vous le répète : vous voulez manger, mangez, si vous voulez boire, buvez, et arrêtez d'y penser.

Luc.

Bienvenue,

Votre conseiller ne cesse de répéter la même chose. Je ne vais pas vous dire que manger des hamburgers ou boire de la bière est mauvais en soi, je veux plutôt attirer votre attention sur une petite chose. Supposons que vous mangiez des hamburgers tous les jours. Au bout de cinq ans, vous en aurez marre, mais le plus triste, c'est que vous ne pourrez plus vivre sans hamburgers. Non, n'appelons pas ça une addiction, c'est un mot trop fort dans ce cas. On peut plutôt parler d'habitude. Une mauvaise habitude. Bien sûr, il n'y a rien de mal à manger un hamburger ou boire une bière de temps en temps. Le problème se posera lorsque cela deviendra une habitude.
Mais je ne voulais pas écrire sur de mauvaises choses, mais sur de bonnes habitudes. Imaginez que vous vouliez apprendre à jouer du piano. Cela demande un travail systématique et de longue haleine. Il faut se motiver chaque jour pour s'asseoir devant le clavier et se fatiguer, réfléchir et s'entraîner, pour enfin profiter de l'effet. C'est un combat avec soi-même, parce qu'un jour vous voulez jouer, mais les huit jours suivants vous ne voulez pas... Parce que c'est dur, ennuyeux, fatiguant, parfois même désagréable lorsque l'on a mal aux doigts. En fait, il est plus facile d'utiliser l'astuce d'une habitude. Prévoyez un temps d'exercice régulier, au même endroit, de sorte qu'après quelques semaines, cela devienne

normal, qu'après le déjeuner, par exemple, vous vous asseyiez et jouiez pendant une demi-heure (en regardant votre montre). C'est aussi une bonne idée d'utiliser un système de récompense et de punition - disons que vous vous permettez de regardez votre série préférée tant que vous avez pratiqué le piano.

Il est bon de travailler sur soi car cela fera de vous une personne persévérante et dévouée. C'est bien de pouvoir se priver d'un hamburger pour être capable à l'avenir se priver de choses qui sont vraiment importantes pour le bien des autres. Ainsi, même apprendre à jouer du piano peut faire de vous une meilleure personne et manger des hamburgers une moins bonne personne. Si vous vous autorisez à tout faire, vous ne contrôlerez jamais l'égoïste qui est en vous.

Votre ange.

23

Mon cher,

Les textes sur les sacrifices, sur l'humilité ou sur l'importance de votre propre identité sont généralement rejetté par les gens, je suis donc surpris que vous ayez encore des questions similaires sur le sujet… N'écoutez-vous pas par hasard quelqu'un d'autre que moi ? Dois-je vous écrire à quel point il est dangereux, d'écouter les valeurs de « cette catégorie » ? Heureusement, le monde d'aujourd'hui est de plus en plus ouvert et tolérant, il ne stigmatise personne ni ne condamne en accusations telles que : « vous êtes noir ou blanc » ou « vous devez être blanc ou noir ».
Dans le monde d'aujourd'hui, vous n'avez besoin de rien. Vous pouvez même être vert, ou avec des taches ou des pois. Il n'y a qu'une seule condition pour que tout le monde reconnaîsse votre droit "être en pois" c'est

d'accepter tout ce que les autres souhaitent. Autrement dit : laissez les autres tranquilles et ils vous accepteront. Sinon, vous deviendrez une sorte de –phobe, et bien sûr un fasciste intolérant, ce que vous ne voulez pas... Croyez-moi – écouter « l'autre côté » mène à cela.

Luc.

Bienvenue,

Un moment particulier approche. Le fait que votre conseiller ait eu connaissance de mes lettres ne peut que vous aider, je l'espère sincèrement. Permettez-moi de dire tout de suite que je ne discuterai pas avec lui pour votre amusement, ni ici, ni ailleurs. Je ne commenterai pas ces choses que vous connaissez déjà bien et savez parfaitement quoi en penser.
La maturité, c'est vraiment la capacité de sacrifier de nombreuses choses, souvent très précieuses. Pour devenir pilote de chasse, il faut renoncer à être professeur de philosophie. Pour devenir adulte, vous devez renoncer à un comportement enfantin. Pour devenir une personne sage, vous devez renoncer à votre folie. Malheureusement, il en est ainsi, pour entrer dans un stade de développement supérieur, vous devez laisser quelque chose derrière vous.
Vous devez quitter les anciens collègues, les jeux et sports préférés, les films, les séries. En fin de compte, vous devez même quitter votre cocon familiale pour en commencer un nouveau.

Dans la vieillesse, vous devrez renoncer à la force, à la forme physique, puis à la santé, et enfin à la vie...
Beaucoup, ou peut-être même tout, dépend de la façon dont vous laisserez tout cela derrière vous. Que ce soit dans le désespoir et la panique, ou avec la paix et la confiance en soi.
A ce stade, je vous recommande de commencer à essayer de désavouer votre conseiller de temps en temps...
Un temps spécial approche, un temps pour prendre des décisions. Regarder Celui qui a absolument tout abandonné pour naître dans une étable peut certainement y aider.

Votre ange.

Lettres du
diable gardien

24

Mon cher,

Je ne vais pas vous reprocher d'avoir écouté "l'autre côté". Cela montre seulement votre ignorance et votre manque de... goût. Oui, c'est le mot que je cherchais. Il y a longtemps, la mode des saints, des anges ou de Dieu était révolue. Le monde entier a déjà réalisé que tout cela ne sont que des inventions de sociétés anciennes et sous-éduquées qui ne savaient encore rien du monde. Vous devez admettre que si Dieu existait, il n'aurait pas permis qu'Auschwitz s'établisse, il ne pourrait pas supporter la mort d'innocents, les maladies des enfants et la pauvreté des plus démunis. Soit Dieu n'existe pas, soit, pire, il ne peut être bon. Le reste ne sont que des ajouts. Les anges sont une invention au même titre que les faunes ou les Avengers, et les saints sont généralement des malades mentaux qui n'ont pas été diagnostiqués car la psychiatrie n'existait pas à leur époque.

Cependant, j'ai commencé par le goût. Parler de tout cela me laisse goût amer dans la bouche... Prouver simplement la non-existence de Dieu est dépassée et très désagréable. Vous feriez mieux de penser à vos amis ou votre petite amie, que diraient-ils de vos contacts avec... un Ange ? Si vous voulez être intéressant, il faut viser le diabolique. Les gens aiment les vampires, les loups-garous, les zombies, mais les anges ? C'est bon pour les filles de treize ans... Les doux visages de ces chérubins souriants...
Une dernière chose, sérieusement. Pourquoi devrait-il y avoir cette seule et unique vérité ? Pourquoi voulez-vous que quelqu'un d'autre vous dise ce qui est bien et ce qui ne l'est pas ? Après tout, il y a tellement de bonnes personnes qui ne suivent pas du tout les principes de votre ange. Car après tout, il n'y a pas vraiment de méchants et de bons... Parce que tout le monde a un mélange explosif de Sodome et d'Eden...

Luc.

Bienvenue,

Comme je l'ai écrit, je ne vais pas discuter avec votre conseiller. Malheureusement, vous devrez répondre vous-même aux questions. Je pense que le moment est venu pour ça...

Personnellement, je préfère la méthode de la goutte, qui perce la roche avec beaucoup de patience. Alors sans gêne, je vous invite à une petite leçon.
Le sujet d'aujourd'hui est la tolérance. Un mot dont le sens a changé. Qu'est-ce que c'est exactement ? Si je dis que je suis intolérant au lactose, tout le monde comprendra. Si je dis que je tolère le lactose, personne ne pensera que j'aime manger du fromage ou boire du lait, seulement que je ne tomberai pas malade si je le fais.
Si je tolère quelqu'un, cela ne veut pas dire que je suis d'accord avec lui ou que je l'aime, et encore moins que je le soutiens. Je veux dire, rien de moins que je ne le frapperai pas à la première occasion. Je tolère Luc, même si je pense qu'il fait d'énormes dégâts qui nécessiteront un grand effort pour les réparer. Mais pour l'instant, je le tolère.

Votre ange.

25

Bienvenue.

J'ai écouté attentivement la conversation que vous avez eue avec votre collègue de travail et j'ai décidé que sans attendre la lettre de votre conseiller, j'allais vous écrire quelques mots.
Le sujet était décent, sur l'apprentissage d'autres cultures et civilisations, mais à un moment donné, votre ami a dit qu'il n'aimait pas le tourisme. Vous avez trouvé ça drôle, mais j'ai pensé qu'il serait bon que vous vous y attardiez un instant. Supposons que vous vous intéressiez à l'architecture de l'Amérique précolombienne. Y a-t-il quelque chose de mal à découvrir d'autres cultures ? – vous demande t-il. Bien sûr que non. Cependant, savez-vous quelle est la différence fondamentale entre un touriste et un chercheur ? Et je ne parle pas du niveau de connaissance sur un sujet donné, c'est un autre cas. Quand un touriste

vient en visite, il est comme un roi qui dit à ces bouffons : dansez pour moi, sautez. Voilà votre argent, divertissez-moi! Il se sent plus important que la culture qu'il a découverte. Tout le monde autour danse pour lui : les guides touristiques, les serveurs d'un restaurant, même le clergé, ou de simples habitants sauteront pour l'argent du touriste.

Le chercheur sait qu'il a affaire à quelque chose de grand, à quelque chose qui dépasse son ego, ses envies ou ses caprices. En fait, ce n'est pas la culture pour lui, mais lui pour elle, car il se sent petit face à son immensité. Et donc... Il ne le traite pas comme un vulgaire jouet censé l'intéresser, car il finira par être jeter ou changer.

Donc, si vous vous intéressez à l'architecture de l'Amérique précolombienne, vous devez choisir qui vous voulez devenir : un touriste ou un chercheur. En tant que touriste, vous n'aurez aucune difficulté, il vous suffit de collecter de l'argent pour vous rendre au Pérou ou au Chili. Mais quand on veut devenir chercheur, on se rend vite compte que pour vraiment connaître leur architecture, il faut apprendre la langue, connaître l'histoire, les coutumes, la religion, comprendre la mentalité de ces gens, et enfin vous vous rendrez compte que vous avez vraiment besoin d'y vivre et de grandir au moins partiellement dans la culture locale, sinon vous ne comprendrez presque rien. Ce n'est qu'alors que vous comprendrez à quel point le comportement des touristes ennuyés qui, avec un portefeuille plein d'argent, recherchent surtout des clowns pour les divertir, est superficiel et stupide.

Pourquoi je vous écris à propos de tout ça ? De peur que vous ne deveniez un touriste intellectuel ou, pire,

spirituel. Que vous abordiez les choses importantes avec une bonne humilité. Pas comme un roi (ou un gamin) qui dit: Amusez-moi car je m'ennuie ! Dansez! Sautez !
Il faut aborder les choses importantes avec humilité comme un chercheur qui sait que même s'il se consacre entièrement à apprendre quelque chose, il n'aura pas assez de raison, d'intelligence ou de vie pour cela... Mais cela vaut toujours la peine d'apprendre à connaître le monde.

Votre ange.

Lettres du
diable gardien

26

Mon cher,

Est-ce que vous avez vu ? Il n'a même pas daigné vous répondre ! C'est comme ça avec l'autre côté. Ils changent de sujet, ne répondent pas aux questions, mais vous focalisent sur quelque chose de complètement inutile. La tolérance? Quel est ce sujet ? Je parle de choses sérieuses, de souffrance, de pourquoi il y a du mal dans le monde, de l'existence – ou de la non-existence de Dieu, et lui... De la tolérance... Ou du tourisme... Laissez le tomber.
Vous le voyez maintenant? Il est juste faible, il n'essaie pas de se battre car il sait qu'il va perdre comme un gamin dans la rue. Il ne fera que vous tromper, vous montrer des espoirs illusoires et de la pseudo-sagesse, afin que vous vous tourmentiez et deveniez ainsi de plus en plus malheureux. Qu'est-ce que ça va vous apporter de penser, de méditer, de philosopher ? Concentrez-vous sur les vrais problèmes – n'avez-vous pas besoin de plus

d'argent ? N'en n'avez-vous pas assez de perdre votre temps à faire ces choses stupides ? Avez-vous déjà le meilleur travail du monde? C'est ça les vrais problèmes, c'est la RÉALITÉ. Le reste c'est avoir la tête dans les nuages.
Pensez à nouveau en qui vous avez confiance. Franchement, quelqu'un qui ne peut répondre à aucune question importante pour vous, quelqu'un qui vous distrait sur le chemin de votre propre bonheur...

Luc.

Bienvenue.

Les gens ont toujours voulu que Dieu entre dans l'arène de l'histoire sur un cheval blanc, pour combattre majestueusement et avec une grande force l'ultime bataille face à l'antique serpent pour le vaincre. Ce n'est pas un mauvais désir, mais malheureusement humain. Vous voudriez que je combatte Luc, que je le transperce efficacement avec une réplique courte et acérée portée à même le cœur. Et vous seriez comme un spectateur applaudissant dans les gradins. Un tel touriste spirituel pour qui nous sauterons pour que vous vous amusiez et rejoindre ensuite le gagnant. Il est facile de rester à l'écart et de rire d'un perdant après coup, il est plus difficile de décider de quel côté vous voulez être tant que la bataille continue et que son sort n'est pas encore évident. Les gens aimeraient s'asseoir dans les tribunes et regarder le combat entre Dieu et le diable comme des touristes, mais ils n'ont pas remarqué qu'ils sont le lieu

de ce combat... C'est en eux qu'il a lieu. Alors si tu veux que le mal disparaisse subitement, il faudrait que tu cesses d'exister, car il est aussi en toi... Au début de la lettre que j'ai écrite, je disais qu'il n'y aurait pas de spectacles d'escrime spectaculaires de ma part. Je ne te rendrai pas heureux et je ne sauterai pas pour toi, je suis désolé. Est-ce que tu sais pourquoi? Car si je relevait le défi, je devrais me battre selon ses règles, avec des cris et du bruit.
Laissez-moi vous le redire : ne soyez pas un touriste spirituel qui attend des attractions et des réponses rapides de tout le monde autour de vous. Le monde n'est pas Disneyland. Devenez un chercheur qui comprend qu'il y a des sujets qui peuvent être étudiés toute la vie. Savez-vous comment Dieu vient ? Pas sur un cheval blanc parmi les légions angéliques, mais comme un enfant. Complètement faible. Il ne se défend pas et ne porte pas de coups écrasants. Et c'est comme ça qu'il gagne.

Votre ange.

27

Mon cher,

Vous ne trouverez jamais ce que vous cherchez avec une telle détermination. Vous ne trouverez pas de réponses aux questions les plus importantes, car si toute l'humanité n'a pas réussi à y répondre depuis des milliers d'années, pourquoi y arriveriez-vous ? Dès ses origines, la philosophie, sous les oliviers de l'Athènes antique, s'interroge sur le sens de l'existence, de la vie, de la souffrance, de la mort, du sacrifice, de la vérité ou de l'amour. Je le sais parce que j'y suis allé, j'ai écouté les conférences d'Aristote dans le bosquet de Lycaon, j'ai parlé avec Thomas d'Aquin de la morale et avec Nietzsche de l'existence du mal. Non seulement cela, mais j'ai aussi vu la peur sur le visage de Jésus et l'incertitude d'Einstein.
Et vous, mon cher, pensez que vous découvrirez par vous-même... Seul avec votre maigre éducation ? Que savez-vous de la philosophie ? Ou sur l'éthique ? Vous

ne savez rien de votre propre histoire, ni de votre pays, et vous souhaitez résoudre des problèmes de classe mondiale ?

Mieux vaut se concentrer sur son bol, pour avoir de quoi manger, boire une bière, jouer à son jeu préféré, ou regarder le millième épisode de sa série. Ne vous compromettez plus.

Luc.

Bienvenue,

Vous avez remarqué comme votre conseiller mélange toujours une bonne et une mauvaise approche ? Pour mentir de manière crédible, vous devez utiliser 90 % de la vérité et seulement 10% de mensonge. Personne ne le sait mieux que lui.

Vous êtes dans une situation difficile. Je dois convenir que l'humanité n'a pas trouvé de réponses claires aux questions les plus importantes depuis des milliers d'années, mais cela ne signifie pas que personne ne les a trouvées. Commençons par le début : si vous êtes là et que vous êtes en vie, cela signifie que vous allez aussi souffrir, traverser diverses crises et drames, et finalement mourir. C'est ainsi que sont les choses, des éléments normaux de la vie humaine, vous serez probablement d'accord avec cela. Alors, que vous le vouliez ou non, vous devrez trouver des réponses aux questions qui vous trottent dans la tête, car c'est ainsi que votre nature est construite. Les gens ont toujours dû expliquer les tempêtes, les tremblements de terre, les

éruptions volcaniques ou la mort. Ils inventaient juste Zeus, Héphaïstos ou Thanathos, alors qu'aujourd'hui ces phénomènes s'expliquent efficacement par la science. Qu'en est-il de ce que la science ne peut expliquer ? Vous devez chercher les réponses vous-même. Et vous le faites. Vous cherchez avidement, vous regardez autour de vous, vous lisez, vous regardez des documentaires et vous avez même commencer à comprendre.
Demandez-vous simplement si vous cherchez vraiment la vérité ou si vous cherchez une réponse qui vous satisfera ? Vous fiez-vous à votre compréhension ? Ou plutôt à l'avis des amis, des parents ou de la majorité ?
Il y a deux types de personnes. Les premiers sont des vagabonds qui vont de coin en coin, ils se sentent mal partout et se plaignent de tout. Nulle part ils ne peuvent réchauffer un endroit où s'enraciner.
Le deuxième type sont les pèlerins qui bougent aussi, mais sont satisfaits de ce qu'ils ont, sont toujours pressés et pleins de vie.
Qu'est-ce qui rend ces gens différents ? Ces derniers ont un objectif. Ils savent où ils vont alors que les premiers ne font encore que chercher, ils se promènent comme s'ils cherchaient leur propre queue.
En fait, personne ne vous donnera de réponses toutes faites sur un plateau, vous devrez vous battre pour les trouver vous-même. Mais si vous cherchez honnêtement la vérité, je vous garantis que vous la trouverez et que vous cesserez d'être un vagabond, pour être pèlerin, vous marcherez fermement et joyeusement.

Votre ange.

Lettres du diable gardien

28

Mon cher,

Dans les lettres précédentes, je l'avoue, je voulais vous attirer vers moi, ou au moins vous éloigner de l'autre côté. J'avoue que j'avais peur que vous succombiez trop facilement à l'ange qui essayait de vous séduire. Maintenant, cependant, je constate que vous n'etes même pas hésitant... Après tout, vous n'avez jamais commencé à lire quoi que ce soit "sur l'autre étagère" de votre propre volonte, et tout ce que vous regardez qui vous semble "sage" ne vous amenera pas à l'ange. C'est bien. Les lettres de l'ange elles-mêmes ne sont qu'une goutte d'eau dans l'océan d'informations parmi les milliers qui traversent votre esprit. Vous m'avez surtout rassuré lorsque vous avez dit écoutez différents genres de musique. Vous êtes donc très ouvert et tolérant. Tout comme vous êtes ouvert à d'autres croyances, après tout, chacun a droit à sa propre philosophie. Après tout, vous êtes humain et rien d'humain ne devrait vous être étranger. Alors soyez curieux, découvrez différentes visions du monde et religions. Soyez ouvert, tolérant et surtout - ne jugez pas. Après tout, même Jésus vous a dit de ne pas juger et de ne pas condamner.

Luc.

Bienvenue,

Vous êtes ce que vous mangez. C'est l'un des principes les plus importants dans la vie. Pour cela, vous avez un esprit qui vous dit si ce que vous écoutez est BON. Bon pas dans le sens de : populaire, reconnu par les gens, agréable à écouter. Est-ce que ce dont vous vous nourrissez est bon pour vous ? Cela fait-il de vous quelqu'un de meilleur que vous ne l'êtes ? Alors vous êtes sur le point de juger, mais pas des gens, plutôt des actes et des choses. A qui incombera la responsabilité si vous mangez du poison ? Tout dépend si vous l'avez fait consciemment. Si c'est le cas, il est évident que la faute est de votre côté. Cependant, si ce n'est pas le cas, la question n'est pas si simple, car vous ne pouvez pas facilement vous excuser de ne pas savoir. Pourquoi ne savez-vous pas ? N'aviez-vous pas deviné qu'une poudre blanche au goût inconnu vous tuerait ? Vous n'avez pas vérifié ce qui est écrit sur la notice ? Vous êtes donc paresseux. Et curieux, puisque ne sachant pas ce que vous preniez, vous vouliez quand même en ressentir "l'effet". Luc dit : sois ouvert et tolérant, mange ce qu'il vient. Cela ne vaut pas non plus la peine de lire ce que vous mangez, essayez-le simplement, car c'est une méthode pour apprendre à connaître le monde.

Vous avez le choix. Vous avez votre esprit et vous pouvez savoir si ce que vous écoutez, ce que vous regardez et lisez est BON et vous rendra meilleur, ou mauvais et vous tuera. J'ai juste peur que le diable soit à juste titre heureux, car il voit à quel point vous êtes curieux, partial, crédule, sensible à l'influence de vos collègues idiots, tranquille et, surtout, paresseux. Vous trouverez mille façons de vous convaincre que ce que vous regardez est réellement bon. Après tout, des millions de personnes le regardent, ils vont surement se moquer de vous parce que vous ne connaissez pas. Après tout, „il n'y a rien de mal à ça"... Et le BON est si... Inintéressant, difficile, stupide, obsolète, et nécessitant finalement une réflexion indépendante, allant à l'encontre de la majorité, à contre-courant contre les collègues, les amis et même la famille.

Mais gardez au moins à l'esprit : vous mangez des kilos de poison tous les jours, et je ne parle pas de sucre ou de conservateurs alimentaires. Et vous le savez parfaitement. Et même si vous ne savez pas, la responsabilité sera toujours la vôtre, car c'est de votre faute si vous ne savez pas.

Votre ange.

29

Mon Cher,

Je suis heureux que, comme vous le pensiez, vous ayiez tout mis en ordre dans votre tête. Après tout, la confiance en soi est une très bonne qualité qui vous fera vous sentir mieux dans ce monde désagréable. Êtes-vous surpris que j'écrive comme cela? Le monde n'est-il pas mauvais ? Plein de souffrance et de mort ? Plein de pièges tendus de toutes parts, plein de méchants qui ne demandent qu'à vous voler, vous extorquer quelque chose, ou, au moins vous vendre une de leur merde ? Pendant que vous réfléchissez à ce qui est bien et à ce qui est mal, ou à ce qu'est le vrai bonheur, quelqu'un vous arrachera votre travail bien rémunéré ou volera votre voiture.
Le plus important est de ne pas se tromper, cela signifie qu'il faut toujours être vigilant. Il faut être un "expert mondial", ce que vous êtes déjà... Vous connaissez des

gens, vous savez quel parti au parlement est mauvais et ce qui est bien. Vous savez ce qui se passe dans le monde, et surtout, vous vous rendez compte qu'il ne faut faire confiance à personne, surtout à l'autre qui vous envoie des lettres...

Je suis très content de votre confiance. Vous devez marcher la tête haute, en gardant les pieds bien ancrés au sol. Les personnes confiantes ont des amis, trouvent de bons boulots et de belles filles... Elles se sentent en sécurité et... De plus en plus confiantes. En récompense, ils ont la possibilité de réaliser tous leurs rêves tant qu'ils en ont. Une voiture, un voyage, un concert, une fête, et enfin un appartement, des femmes et de l'argent.

Ai-je mentionné certains de vos rêves? Je peux lire dans vos pensées, admettez-le. La confiance en soi - c'est ce dont vous avez besoin. Faites confiance à votre intuition, à vos opinions et à votre sagesse. Redressez-vous et - surtout – garder le sourire et vous verrez comment tout commencera à se mettre en place.

Luc.

30

Bienvenue.

Finalement, ce qui compte, c'est que vous n'êtes pas un hypocrite. Ne vous trompez pas sur le fait que vous cherchiez, que vous vous souciez, car si vous vous souciez vraiment, vous l'auriez déjà trouvé. Vous ne cherchez pas la vérité, vous cherchez des réponses faciles.
Vous ne savez pas vraiment ce que vous voulez, et vos rêves et projets sont superficiels, je suis désolé pour vous. Le diable se réjouit de vos projets de vie, de votre consumérisme débridé et de votre matérialisme, que vous ne remarquez même pas. Et même si vous avez parfois des doutes, TOUTES les personnes qui vous entourent vont vous calmer en une seule phrase et vous dire que c'est normal voire juste.
Les rêves sont la mesure de l'homme, ce n'est qu'avec eux que vous pouvez voir qui vous êtes. Et avouez qu'ils

ne sont pas très sophistiqués. Quel genre de personne êtes-vous si toutes vos envies sont pour le bol et le lit ?
Oh, Luc est content d'avoir un bon élève. Bien qu'il n'ait pas vraiment grand-chose à faire. La sagesse est si difficile à trouver dans ce monde...
Mais cela ne signifie pas qu'elle n'existe pas du tout. Et c'est de cela qu'il s'agit dans cette lettre. Non, pas de sagesse, mais de confiance.
Si - comme nous en avons conclu, vous n'atteignez pas objectivement la Vérité, car si pendant des milliers d'années les esprits les plus remarquables n'y sont pas parvenus, pourquoi le feriez-vous ? Un peu d'humilité... Mais il faut vivre et respecter certaines règles. Étant donné que vous ne savez pas objectivement quelles règles sont bonnes et lesquelles sont mauvaises, vous devez faire confiance à quelqu'un pour finalement vous approprier un ensemble de règles.
Ma question est : ne feriez-vous pas confiance à Luc ? Vous direz non, que vous faites confiance à vos collègues, à vos amis, à vous-même. Sérieusement? Arrêtez d'être un hypocrite. La première étape pour se remettre de l'alcoolisme est d'admettre que vous êtes alcoolique. Vous ne pouvez pas vous en passer. Alors, enfin, avouez que vous êtes un égoïste paresseux qui, au lieu de chercher la vérité, préfère s'allonger devant l'écran, dévorant des chips et des sucreries... littéralement. Arrêtez de regarder ce bol comme un chien, jetez ces chips et sortez enfin de ce lit. Faites la première étape des 12.

Votre ange.

31

Mon Cher,

Il se passe beaucoup de choses dans le monde ces derniers temps, des nouvelles sombres arrivent de toute part. Il semble que le mal n'ait jamais été aussi fort qu'il ne l'est maintenant, du moins pas de votre vivant. Oui, vous avez entendu parler des guerres anciennes, des fléaux du Moyen Âge, de la torture et des meurtres de masse, mais il vous a toujours semblé que les "caractéristiques" d'autrefois ne reviendraient jamais. Pas au XXIe siècle, pas dans une modernité éclatante, pas à l'ère des droits de l'homme. Le mal est puissant et se cache à chaque pas. Dans un microbe mortel, dans des bombes larguées sur des maisons, dans des dictatures lointaines qui peuvent déclencher l'Armageddon avec un doigt. C'est aussi, bien que plus difficile à voir, la manipulation dont vous faites l'objet depuis des décennies par la télévision, les films et les séries, même dans la haute culture, qui ne sert plus qu'à choquer le destinataire. Le mal est puissant. C'est bien que vous appreniez enfin à le voir.

Luc.

Bienvenue,

Il est impossible d'être en désaccord avec votre conseiller. Le mal est puissant et toujours présent malgré l'étrange croyance des gens modernes que vous êtes entré dans une nouvelle ère de développement moral. Ceux qui pensaient que l'humanité pouvait se créer un paradis sur terre se sont lourdement trompés. Mais non - je ne veux pas vous priver d'espoir, seulement montrer qu'il n'est pas là. Il n'y a aucun espoir dans la nature humaine qui n'est tout simplement pas bonne. Il n'y a aucun espoir dans le droit ou dans des statuts internationaux équitables. Il n'y a d'espoir en aucun homme, car ce terrible dictateur, ce virus tueur et bourreau médiéval est aussi à l'intérieur de vous... Ca ne compte pas que vous n'ayez tué ou volé personne. Peu importe que vous soyez un citoyen exemplaire. Parce que c'étaient de bons citoyens dont l'armée nazie était remplie. Puissiez-vous ne jamais obtenir un tel pouvoir, ne jamais décider de la vie des autres ... Puissiez-vous ne jamais avoir à découvrir ce que vous êtes vraiment sous le masque d'un ami, d'un voisin, d'un subordonné ou d'un manager souriant et gentil. Il n'y a donc aucun espoir dans le monde, dans la loi, dans l'humanité, dans la « fraternité » collective, pas même en vous-même. Mais cela ne signifie pas qu'il n'y a aucun espoir du tout. Le mal est puissant et Luc veut que vous le pensiez. Mais il y a quelque chose qui est incomparablement plus grand que le mal. C'est une menace pour Luc et votre seul espoir. Il est bon de savoir ce qui se passe dans le monde, on ne peut pas fermer les yeux sur le mal, sur la souffrance. Vous devez aider les autres autant que vous le pouvez. Luc, cependant, veut que vous ne voyiez rien d'autre que ce mal et cette souffrance. Il veut que vous ne puissiez parler que de ça, et donc vivre en en ayant toujours peur. Il veut que vous ne pensiez jamais à l'espoir, qu'il y a quelque chose de bien plus grand que ce virus ou ce dictateur.

Votre ange.

Les lettres du diable gardien

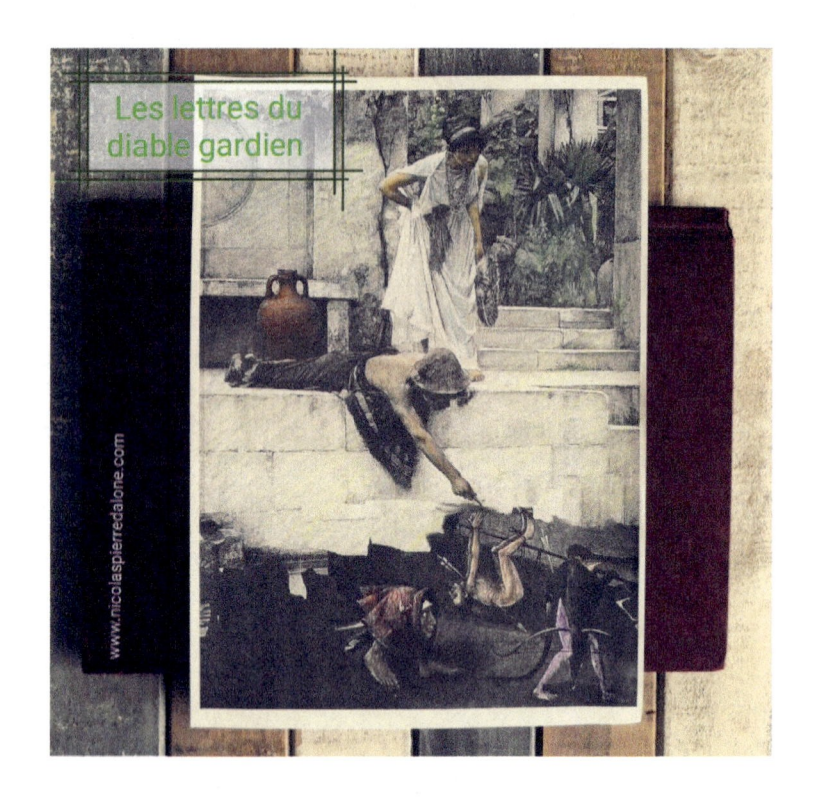

32

Bienvenue,

Votre conseiller veut vous convaincre que le bien et le mal ne sont qu'une question de contrat social. Ce n'est pas la première fois qu'il vous trompe lorsqu'il parle de relativisme, du fait qu'il n'y a pas de bien ou de mal, et que ce qui semble l'être n'est en fait qu'utile ou non. Si tel était le cas, vous n'auriez pas une partie très importante et utile de votre psychisme, votre conscience. Vous pouvez vous sentir coupable et en meme temps ne pas avoir enfreint une loi officielle, comme lorsque vous vous disputez avec un ami. Il n'existe pas de peine pour trahir votre épouse dans le Code civil, et pourtant tout le monde conviendra que l'adultère est mal. Votre conseiller semble inconscient du choix difficile de l'ancienne Antigone, qui a choisi la loi morale, la loi naturelle, ou - comme elle dirait - divine, plutôt que la loi de l'État. Le crime exige une punition. C'est la règle qui régit notre psychisme, comme l'a prouvé Dostoïevski. Même un "petit" crime, quand vous mentez à quelqu'un par exemple, perturbe votre paix intérieure. Lorsque les crimes se répètent, vous accumulez un fardeau que vous devez porter tous les jours sur votre dos comme de la vieille ferraille. Le monde moderne (Luc) offre une solution connue de Sodome. Il dit - Accordez-vous qu'à partir de ce jour vous considérerez ce que vous appeliez auparavant quelque chose de mauvais comme étant bon. Il s'inspirera des recherches de sociologues et de psychologues affirmant que si 80% de l'humanité fait ceci ou cela, cela signifie que c'est normal, naturel et complètement sain. Personne n'entend le rire le diable ? ... Si vous établissez démocratiquement que voler est bon, est-ce que cela deviendra vraiment bon ? Chaque crime nécessite une punition, chaque mal que nous causons ajoute de la ferraille, et nommer la ferraille « fleurs parfumées » ne changera rien. Maintenant, vous devez vous poser la question clé : si vous traînez de la ferraille, y a-t-il une chance de vous en débarrasser ? Pouvez-vous purifier votre conscience sans vous tromper et tromper les autres ? Tous ceux qui ne sont pas chrétiens ont un problème ici.

Cordialement, votre ange.

33

Bienvenue,

Dans cette situation, votre conseiller vous conseille la vengeance et de prendre votre revanche. Il explique que vous avez le droit de le faire, car vous êtes devenu une victime, et que ce "salaud..." mérite une punition. C'est l'attitude typique des gens stupides : il vous a donné un coup de pied, vous devez le lui rendre maintenant, car sinon ils vous penserons trop faible, et si vous ne pouvez pas lui donner un coup de pied, traitez-le au moins de tout les noms, mais bien sûr, ne lui adressez plus la parole. Le mépris - c'est tout ce qu'il peut obtenir de vous. Les personnes grossières le font dans de nombreuses situations similaires, lorsqu'une fille est en colère contre son petit ami ou qu'un collègue l'est contre un autre ami. Ceux qui veulent se réconcilier montreront leur faiblesse, et avec la main tendue ils ne feront que prouver leur culpabilité.

Hitler est mort depuis 80 ans, personne ne se souvient de lui, mais tout le monde le déteste à l'unanimité. Mais là n'est pas la question, il ne s'agit pas de savoir s'il était vraiment coupable ou non, mais que la haine en vous vous détruit. Un dictateur d'un pays lointain peut réellement être un "salaud...", mais si vous développez de la haine, cela vous fera forcément du mal, et pas forcément à lui. Le pardon est un mot que votre conseiller ne comprend pas. Il lui semble que c'est une remise de la peine justement infligée pour un délit, que c'est un coup porté à la justice. En fait, vous avez besoin de plus pour arrêter enfin de haïr, pour vous libérer des chaînes qui lient votre esprit et vos émotions. Après tout, vous ne valez pas mieux non plus. Êtes-vous surpris que j'écrive cela sur vous ? Non, vous n'avez tué personne ou créé un conflit mondial, mais seulement parce que vous n'avez pas un tel pouvoir. Mais il y a deux jours, vous avez tué l'estime de soi de votre meilleur ami et il y a une semaine, vous avez commencé une dispute grave à la maison ... La haine tue toujours, mais pas nécessairement l'ennemi. Si vous voulez vivre, arrêtez de vous tuer.

Votre ange.

34

Mon Cher,

Vos visions du monde vous définissent, plus encore - elles vous créent et vous composent. Votre vision du monde, bien que loin d'être parfaite, vous appartient, tout comme vos sentiments ou vos pensées. Depuis que vous avez cessé d'être enfant, votre vision du monde est devenue adulte, mature et - dans la mesure du possible - objective. J'ai écrit "le plus possible" parce que nous savons parfaitement qu'il n'y a pas qu'une seule bonne vision du monde, qu'il n'y a pas qu'une seule bonne philosophie. Au contraire, chacun a sa propre vérité, a droit à ses propres croyances et à sa propre philosophie, aussi unique que son âme. Ne laissez pas l'autre côté être persuadé qu'il en est autrement, car cela signifierait que vous êtes assez faible et assez incompétent pour ne pas pouvoir créer votre propre système de croyance, alors que même un simplet le pourrait.

Luc.

Bienvenue,

Nous ne parlerons plus de savoir si chacun a sa propre vérité, ou s'il y a une vérité. Si vous n'avez pas encore travaillé sur ce sujet, vous devriez arrêter de lire maintenant et revenir à l'une des premières lettres qui traite de la vérité . Si vous lisez la suite, cela signifie que vous reconnaissez l'existence de la Vérité, du Bien et de la Beauté comme des valeurs universelles, et donc OBJECTIVES. Alors bâtissons dessus. Si quelque chose est bon ou non, les croyances aussi peuvent être bonnes ou non, ainsi que l'ensemble du système de valeurs, ou même des systèmes philosophiques entiers promus dans le passé par des penseurs geniaux. Cela signifie que vos opinions peuvent aussi être mauvaises, trompeuses et corrompues, ainsi que votre âme, comme mon adversaire daigne le mentionner. Autre chose encore, avez-vous le droit d'avoir un système de valeurs corrompu, moisi et répugnant ? C'est aussi une question sur l'âme - avez-vous le droit d'infester votre propre âme ? Et qui oserait vous prendre ce droit ?! En termes simples - avez-vous le droit d'avoir un système de valeurs si déformé qu'il vous nuira à vous-même et aux autres ? Vous êtes libre, tant que vous n'allez pas au-delà des normes très superficielles et générales réglementées par l'État. Personne dans ce monde, sauf vous-même ne vous fera rien. Revenons cependant à la vision du monde, Luc veut vous convaincre, ce qui bien sûr élève votre ego, que vous en êtes le créateur et l'ingénieur indivis. C'est une belle idée, mais ô combien fausse... Pensez à ce que c'est lorsque quelqu'un vous propose d'aller manger une pizza. Tout d'abord, vos émotions sont éveillées et votre partie la plus ancienne de votre cerveau, le paléocortex, prend une décision. Les arguments rationnels, c'est-à-dire le fonctionnement du cortex cérébral (que vous utilisez malheureusement si rarement...) viennent plus tard. Ce n'est qu'alors que vous vous demandez si manger la pizza sera bon pour vous. La première décision émotionnelle a déjà été prise dans votre tête, mais le plus important est de savoir si votre cortex d'Homo Sapiens se révélera plus fort ou plus faible, en d'autres termes, si vous serez capable de modifier vos premières décisions subconscientes basées sur les sentiments... Homo Sapiens est une personne rationnelle, capable de prendre des décisions éclairées, réfléchies et responsables. C'est ainsi que votre grand système de valeurs, dont vous êtes si fier, a été façonné (par votre environnement, les films que vous regardez, les livres que vous lisez, etc.). La vraie sagesse, cependant, n'est pas déterminée par le fait que vous ayez ou non une vision du monde, mais si et dans quelle mesure vous pouvez changer d'avis, CHANGER VOTRE PENSÉE quand il est temps de le faire. C'est-à-dire lorsque vous êtes confronté à des arguments rationnels. Pouvez-vous vous poser pour y penser, les digérer et, si après des semaines d'analyse, ils s'avèrent exacts, les accepter comme vôtres ? Non, ne répondez pas, car je connais votre réponse, je connais votre ego. Demandez-vous si c'est vraiment vous qui dirigez votre vie. Vous, c'est-à-dire votre conscience, le cerveau humain, pas le cerveau animal ce subconscient purement émotionnel.

Votre ange.

Les lettres du
diable gardien

35

Mon Cher,

Il se trouve que la dernière lettre de votre ange est tombée entre mes mains. Je suis très déçu que vous daignez encore l'écouter. L'ange écrit dans un langage incompréhensible, ce qui est bien, évidemment de mon point de vue, car même moi j'ai eu du mal à déchiffrer ces « sagesse ». Vous pouvez voir venir qu'il n'est pas l'ange si amical qui pose sur la photo dans laquelle il tient deux petits enfants par la main. En fait, c'est un fasciste et idéaliste incorrigible qui veut vous convaincre que vous êtes plus que vous n'êtes. Qui êtes vous? Vous êtes un véritable être humain, de chair et de sang. Avec le cerveau que vous avez. N'est-ce pas assez? L'ange veut faire de vous un être désincarné qui lutte constamment contre les besoins naturels de son corps. Je suis désolé – vous n'êtes pas un ange, vous devez donc manger, boire, courir, rire et danser, rencontrer votre petite amie et regarder des films rigolos. Un ange ne peut pas boire de bière puisqu'il n'a pas d'estomac ! Il n'a pas non plus le matériel nécessaire pour monte une belle brune !

Il vous envie ! Il est comme le chien du jardinier qui ne mangera pas lui-même les pommes, mais vous mordra si vous essayez d'en manger ... Il fera un cauchemar empli de remords à chaque moment agréable. Avouez que même la crème glacée n'a plus si bon goût pour vous depuis que vous avez lu ses essais...

Et la joie de vivre ? Une dolce farniente ? De belles vacances à la plage ? Non, ce n'est que ... Refléchis ! Apprends! Bats-toi avec toi-même ! Debout ! Couché! Et le chapelet de six heures à matin ! Continuez à lire ces lettres et vous verrez que cela arrivera. Votre ange fera tout pour gâcher votre vie afin que vous chantiez dans une chorale ennuyeuse et céleste. Et vous n'aimez même pas chanter...

Laissez-moi vous dire ceci : même si vous vous fouettez tous les matins et arrêtez de regarder des films obscènes, vous ne deviendrez pas un ange. Vous ne volerez pas avec l'arc à la main, sans culotte, sautant de nuage en nuage en effrayant les oiseaux. Alors arrêtez de rêver de grandeur, de sainteté, apprenez simplement à profiter de la vie que vous avez sans regarder au loin. Vous mourrez un jour comme tout le monde. Alors utilisez ce que vous avez, profitez, mangez, buvez, riez autant que vous le pouvez, dansez et faites l'amour avec tout ce qui bouge. Vous n'avez pas besoin d'être sage et instruit pour être une personne heureuse. Tout ce que vous avez à faire est d'oublier le paradis.

Luc.

36

Bienvenue.

J'espère que vous avez enfin appris à distinguer le mensonge de la vérité, à repérer les façons dont votre adversaire essaie de vous manipuler de toutes parts. Que vous avez enfin compris l'absurdité de ses arguments. Adopter son récit est à courte vue et extrêmement égoïste, conduit inévitablement au malheur. Vous ne pouvez pas construire votre bonheur uniquement sur les plaisirs (bien qu'il ne soit dit nulle part que leur bon usage est mauvais), ni sur la complaisance, ni sur la confiance en soi. De plus, il n'est même pas bon de "construire" intentionnellement son propre bonheur, car comme déjà dit, cela devrait être un effet secondaire d'une vie "décente".

Voilà pour la mise à jour. Si vous êtes coincé quelque part, que vous ne comprenez pas quelque chose ou que vous n'êtes toujours pas d'accord, je vous recommande de vous arrêter là et de repenser le sujet. Tant que vous avez appris à LIRE AVEC COMPRÉHENSION, dans les lettres précédentes, je vous assure que vous trouverez la bonne réponse.

Vous continuez à lire ? Bravo! Félicitations d'avoir atteint cet endroit important où les univers se rencontrent, où la philosophie se termine et la VRAIE VIE commence. À partir de la prochaine lettre, nous commencerons enfin à approfondir et à parler de choses vraiment importantes. C'est bien que vous ayez enfin cessé d'être un adolescent intellectuel et spirituel, rebelle, qui, pensant qu'il est unique, répète le même schéma ennuyeux à partir d'une matrice : la même coiffure, le même pantalon, la même musique, les mêmes opinions et valeurs . Bravo. Il y a eu de nombreuses écoles et systèmes philosophiques à travers l'histoire, mais ils sont généralement divisés en deux types : ceux qui proposent les valeurs de votre adversaire et, d'autre part, ceux qui expriment plus ou moins les valeurs que je représente. Les sophistes, philosophes itinérants - enseignants de la Grèce antique enseignaient que seul ce qui est utile a de la valeur, que la morale est une invention de l'homme, que "l'homme est la mesure de toutes choses". Les "trois grands philosophes" - c'est-à-dire Socrate, Platon et Aristote, qui ont soutenu qu'il existe des valeurs universelles, n'étaient pas d'accord avec eux et ont combattu le relativisme, l'égoïsme et, en général, la stupidité. Les siècles suivants ont amené diverses écoles philosophiques dans lesquelles les idées sont passées comme un pendule de l'idéalisme platonicien à la logique aristotélicienne, mais jamais les concepts philosophiques généraux ne sont sortis du sens commun. Jusqu'au 19ème siècle ... Avec Nietzsche, Schopenhauer et Marx, le monde a eu une répétition des sophistes pré-socratiques ... .

Pendant tout ce temps, il y avait de bons systèmes qui reflétaient plus ou moins la véritable situation. Après la grande triade des philosophes grecs sont venus les stoïciens qui parlaient de renoncer au plaisir, mais au nom d'un égoïsme encore plus grand. Pendant ce temps en Extrême-Orient, le bouddhisme, si populaire aujourd'hui, est né et il n'est pas - comme le voudraient les auditeurs occidentaux de votre adversaire - qu'une simple philosophie. Le bouddhisme est la croyance en des êtres immatériels, semblables aux dieux, aux anges et en une réincarnation et un karma scientifiquement ou logiquement inexplicables. Si quelqu'un prétend que la croyance aux dieux et leur culte dans les temples font partie de la philosophie, il doit immédiatement arrêter de lire ceci et revenir à la lettre de la Vérité. Laissant de côté l'aspect religieux, on pourrait trouver un bon système philosophique cohérent dans le bouddhisme si sa proposition ne se centrait sur le soi-même. C'est semblable au stoïcisme qui, contrairement à l'opinion, est une forme plus réfléchie d'égoïsme. La plus fidèle à la vérité est la philosophie chrétienne qui, s'inspirant et développant la philosophie grecque, a atteint les limites de la philosophie elle-même. Qu'est-ce que cela veut dire? Quelles sont les « limites de la philosophie » ? Tant que votre adversaire ne veut pas vous embrouiller à nouveau, ce qui est peu probable, la prochaine lettre en parlera.

Votre ange.

37

Bienvenue,

Comme je m'en doutais, après ma dernière lettre, votre adversaire a immédiatement mené une guerre dans votre tête pour savoir pourquoi devriez-vous croire que seule la philosophie chrétienne est juste, pourquoi devriez-vous rejeter toutes les autres, au lieu d'accepter les opinions des autres au nom de la tolérance ? Enfin, pourquoi prétendez-vous détenir la seule Vérité ? Alors avant que votre ancien conseiller ne vous écrive une belle et logique lettre sur les sujets mentionnés ci-dessus, j'ai décidé qu'avant d'aller plus loin, je mentionnerai dans le contexte de la philosophie une autre tendance popularisée au XXe siècle.
 En 1969 (cette date n'est pas sans raison !) Anton Szandor La Vey publie la Bible de Satan, et trois ans plus tôt, en 1966 (!) il fonde l'Église de Satan et devient ainsi le chef des satanistes modernes. Les opinions qu'il

défend ne sont pas du tout ce que les médias ou les masses voudraient. La Vey n'appelle pas au meurtre d'enfants ou au meurtre rituel d'animaux, ne dit pas qu'il faut vivre uniquement de haine, ni que le sexe obscène sur l'autel est la meilleure forme de plaisir. Au contraire, il explique prudemment et culturellement que le satanisme n'est pas de la barbarie mais une philosophie comme les autres. La Bible Noire dit que l'homme doit s'avouer qu'il a une bête en lui, c'est-à-dire ses racines animales, ses inclinations et ses goûts. Cela ne vous semble-t-il pas étrangement familier ? Au lieu de supprimer et de tuer cet animal intérieur, l'homme devrait le ramener à la surface, le nourrir et le satisfaire. La Vey appelle au rejet des idéaux, des contes de fées sur le ciel, et reconnaît le pur matérialisme, le consumérisme et l'égoïsme. Il place l'homme à la place jusque-là destinée à Dieu... C'est le sens du satanisme - l'homme au centre de l'être. Vous êtes le seul oracle, votre avis et vos goûts sont les plus importants. Vous avez le droit d'avoir vos opinions, alors battez-vous pour qu'elles soient acceptées, au lieu de les changer et de les adapter à la VÉRITÉ.

C'est seulement l'homme, en tant que société, qui peut s'assurer de bonnes conditions de vie dans ce (bien sûr, le plus important, car unique) monde. D'où la foi (même mesurée par la religion) en un homme tout-puissant qui est capable d'apporter collectivement la paix, la prospérité au monde, voire de construire une tour de Babel.

Ce n'est pas ce que le satanisme est d'adorer Satan. Oui, il veut s'asseoir sur le trône destiné à Dieu, mais tout ce qu'il a à faire est de vous asseoir dessus, car il sait que de cette façon il obtiendra le même effet. Comme il est facile de vous tromper ... Il lui suffit de vous convaincre que vos vues sont vraiment les vôtres, que votre goût est le meilleur ... Il vous mène par le bout du nez et vous dit que vous tournez en rond parce que vous le voulez ... . Vous êtes-vous déjà demandé pourquoi toutes les attaques IDEOLOGIQUE ne sont pas dirigées contre le judaïsme, l'hindouisme ou l'islam ? Et que l'Église catholique est la plus détestée de toutes les confessions chrétiennes ? Le bouddhisme n'a pas d'adversaire, il n'y a pas de satanisme bouddhique, dans l'islam non plus, ni dans l'Église du Monstre Spaghetti Volant. Cela ne vous fait-il pas réfléchir ?

Il est intéressant de noter que la grande majorité des gens sur votre planète seraient facilement d'accord avec La Vey. Les mêmes opinions sont partagées par les fascistes et les communistes, les socialistes, les consuméristes, les hédonistes cachés ou ouverts, les libéraux extrêmes et de très nombreux autres groupes de personnes qui se considèrent comme bons. Je ne vous recommande pas d'en savoir plus sur le Pape Noire (comme il s'appelait lui-même) ou sur son travail. Je vous recommande plutôt la vraie liberté, qui s'accompagne d'une rupture décisive de la ficelle invisible attachée au bout de votre nez. Mais j'en dirais plus à ce sujet dans la prochaine lettre.

Votre ange.

Les lettres du diable

38

Bienvenue,

Vous souvenez-vous d'une lettre sur la façon dont une personne devient convaincue de certaines idées ? Pas avec raison, comme tout le monde le pense, mais la décision est prise sur la base des émotions. Vous aimez une chanson, non pas parce que ses paroles sont moralement bonnes ou concises et logiques, mais parce que... parce que vous l'aimez tout simplement... Des émotions... De plus, personne ne vous convaincra d'arrêter de l'écouter même si elle vous prouve rationnellement de dix manières différentes que la musique est primitivement simple, que le texte est écrit sur les genoux et que le message est tout simplement faux. Même si je vous dis qu'une vingtaine de personnes se sont suicidées sous son influence, cela ne vous affectera pas, au contraire, cela peut même vous intéresser davantage, car une telle information vous procurera de l'adrénaline, cela provoquera une légère irritation et anxiété, qui vous attirera au lieu de vous effrayer.

De nos jours, de la révolution informatique qui a eu lieu au XXI siècle, en passant par le flot littéral d'informations, il est de plus en plus difficile de convaincre les gens de quoi que ce soit, même si c'est la vérité la plus évidente. Lorsqu'une idée parvient à nos oreilles, elle doit d'abord être suffisamment attrayante pour que nous la remarquions parmi des milliers d'autres pour nous en souvenir. Cependant, le labyrinthe d'idées similaires dans notre tête créée un chaos dont il est difficile de tirer quoi que ce soit. Enfin, pour évaluer la véracité d'une idée (pas d'une information, ça serait trop facile), il faut traiter des pans entiers de la connaissance que presque personne ne connaît. Par conséquent, nous prenons généralement une telle idée comme la nôtre, ce qui est plus facile à assimiler pour nous, plus agréable, ou du moins qui ne provoque pas de sentiments négatifs, et surtout, elle est partagée par les autres. Et ce ne sont pas les arguments rationnels ou les arguments logiques qui importent, mais le libre arbitre de l'individu. Autrement dit, vous continuez à écouter cette chanson parce que vous le voulez. Ce n'est que plus tard que vous commencerez à dire à tout le monde que c'est précieux, que cela a changé votre vie, etc. C'est comme ça que les gens fonctionnent. Vous avez trop peu de bon sens et trop d'émotions effrénées. C'est là que se déroule la philosophie que je vous ai promis de vous montrer. Qu'y a-t-il derrière elle ? Je vais vous le dire. En dehors de la philosophie, la vérité cesse d'être "quelque chose" et devient "Quelqu'un". Pour qu'une personne n'ait pas à prendre les décisions les plus importantes de sa vie uniquement sur la base d'arguments rationnels, car cela ne fonctionnerait tout simplement pas. Après tout, les gens ne sont pas faits pour réfléchir... En dehors de la philosophie, on ne découvre pas la vérité - un terme qui dans de nombreux cas ne peut être atteint de toute façon, mais on découvre la VÉRITÉ, qui n'est pas un concept, mais une personne. Et une personne, si vous la connaissez bien, est plus facile à croire que des arguments logiques sur papier.

Votre ange.

39

Mon Cher,

Sachez que je passe un bon moment à regarder les efforts désespérés de l'ange pour vous convaincre de ses points de vue irrationnels. Je ne comprends pas pourquoi il tient tant à vous... Après tout, vous n'êtes grand et unique qu'à vos propres yeux, et le plus grand en vous est votre fierté, que personne ne pourra jamais enlever.

Écoutez – vous êtes en fait de pollen sans signification. Même du point de vue de votre pauvre espèce, vous valez autant que vous pouvez donner au trésor publique. Votre unicité est une illusion, que vous connaissez parfaitement. Derrière chaque masque, il y en a un deuxième puis un troisième en dessous. Vous ne savez pas vraiment qui vous seriez si vous arrêtiez de faire semblant. Tout est mensonge – le pantalon que vous portez, vos cheveux et la musique que vous écoutez, votre faux sourire collant tous les jours et un « ça va » lorsque des collègues vous demandent « quoi de neuf? » – ce sont tous vos mensonges. Vous mentez régulièrement à tout le monde autour de vous, et surtout – à vous-même.

 Vous n'êtes pas différent de moi, vous êtes aussi primitif et méchant que moi, et vous le savez parfaitement. Vous entendez vos propres pensées dire fais-le, cèdes, voles, frappes. Combien de fois avez-vous écouté ces pensées ? Vous êtes comme moi. C'est juste que... vous êtes faible. Dès la maternelle, dès les premières relations avec les gens, vous mentez, vous vous battez, faites semblant, pour qu'ils vous acceptent, qu'ils vous aiment ou – au moins – qu'ils ne vous excluent pas, ne vous battent pas ou ne se moquent pas de vous. D'où votre comédie constante auquel vous consacrez toute votre misérable vie. Gagnez le respect de vos collègues, puis trouvez une petite amie, puis un travail et de l'argent et de l'argent et enfin de l'ARGENT. Mais vous savez quoi ? C'est la seule chose au monde que vous fassiez vraiment bien. En faisant semblant d'être quelqu'un que vous n'êtes pas, vous êtes devenu un vrai champion. Vous savez tout. Tout comme vous réalisez que vous ne pouvez pas quitter ce jeu. Il n'y a pas de pause, même pas pour aller faire pipi. L'écran ne s'arrêtera pas d'un coup, et en plus, vous n'avez pas de seconde chance, vous n'avez pas de seconde vie, vous ne pouvez pas tout recommencer. Par conséquent, ma chère Saleté Derrière Mes Ongles., va chercher ta laisse et aux pieds.

Luc.

40

Bienvenue.

Au-delà des frontières de la philosophie, de la science, en un mot - au-delà du domaine de ce que vous pouvez prouver avec certitude, il y a un monde immense. Le physique, dans lequel vous vous perdez quelque part entre le micro et le macrocosme, et le non physique, métaphysique ou spirituel, où l'on erre dans le noir en étant poussé d'un mensonge à l'autre. Vous vivez entre un passé oublié et un futur inconnu dans un état éphémère appelé "présent" qui s'échappe avant même que vous ne réalisiez son existence.

Qui est capable de survivre sur un radeau dérivant éternellement sur des mers inconnues ? Qui ne deviendrait pas fou de peur des vagues ?

1. Celui qui se dit que le monde entier est une niche, avec un toit sûr et du foin douillet. Pour lui, même la chaîne nouée autour de son cou semble si ... sûre ... C'est avec une grande joie, que le diable fait alliance avec les chaînes des hommes et les invite dans son chenil avec un grand sourire.

2. Quelqu'un qui sait qu'il ne s'est pas retrouvé dans un vortex spatio-temporel dans une mer de galaxies par accident et se rend compte que tout ce qu'il voit n'est qu'un petit fragment d'une puissance bien plus grande, dont le but n'est en aucun cas de le détruire. Il sait qu'il est destiné à voler comme Superman et conquérir les profondeurs de la mer, combattre des monstres pires que ceux des films et apprivoiser les éléments.

Pour comprendre cela, vous devez d'abord changer votre vision du monde. Vous devez vous tenir à l'envers. Non - pas parce que le monde est à l'envers, mais parce que les gens, personne ne sait pourquoi, ont commencé à vivre comme cela à un moment donné. Si vous vous tenez à l'envers, c'est-à-dire revenez à votre position naturelle, vous verrez que gouverner ne signifie pas utiliser les autres, mais les servir, qu'aimer ne signifie pas tomber amoureux, mais pouvoir se sacrifier. Vous comprendrez que le vrai pouvoir n'utilise pas la force, et que la vraie sagesse fuit les flashs des appareils photo.

Que le bon roi lave les pieds des autres et que la potence de bois pourrait être le plus grand trône de l'histoire de l'humanité.

Votre ange.

41

Bonjour,

Il y a un abîme au-delà de la science et de la philosophie. Vous ne pouvez voir sa fin ou son fond. Certains y voient une obscurité impénétrable, d'autres un crépuscule ou un brouillard, pour d'autres une pâleur laiteuse comme le ciel de Venise. C'est tout cela, cependant, il n'y a qu'une seule grande et puissante falaise. Parce que c'est la limite de ce que vous pouvez savoir, goûter, toucher, comprendre ou imaginer.
 Nous, les anges, voyons ce gouffre fait spécialement pour vous, les humains, comme un cadeau. Du fait que vous ne sachiez pas tout, vous pouvez décider de choisir à partir de zéro tous les jours. Vos décisions ne sont pas définitives... C'est la différence entre vous et nous... et Luc.
 Il y a une passerelle au-dessus du gouffre qui ne peut être vue. Connaissez-vous ce thème ? Il apparaît dans la littérature et les films. Le personnage principal doit faire un pas dans l'abîme pour prouver son courage. Il s'avère

qu'il ne tombe pas, mais que sa jambe sent une surface dure sur laquelle il est sûr de marcher plus loin. La meilleure chose est que ce qui ressemblait à de la magie et à de la superstition, devient, du point de vue de la passerelle, complètement logique et rationnelle.

Lorsque vous avez traversé le précipice, il semble triste de voir des gens qui, avec un entêtement stupide, restent assis, désespérés et déçus, au bord du gouffre, pour ne plus jamais en bouger. Cette image est bonne pour la littérature et le cinéma. En vérité, il y a bien un gouffre et il faut aussi faire un pas en avant, seulement il n'y a pas de passerelle, mais la main de celui qui demande si vous avez du courage. Vous souciez-vous de connaître la vérité ?

Dieu se cache derrière la frontière de la philosophie. Par conséquent, celui qui dit qu'il n'existe pas en sait autant que celui qui dit le contraire. Et Dieu ne demande pas - qui me voit ? Aucun de vous ne peut le voir, car il s'est caché... Il demande - qui me cherche ?

Un pas de foi est un pas de courage. Mais vous devez le faire si vous ne voulez pas rester assis au bord du précipice pour toujours.

Votre ange.

42

Bienvenue,

Je sais qu'après les deux dernières lettres, beaucoup de questions ont surgi dans votre tête. Cependant, il est important maintenant que vous n'écoutiez plus Luc, qui, comme vous pouvez le voir, a changé de tactique. Il n'avait pas écrit de lettre depuis longtemps, car il comprenait que ce moyen d'expression n'était pas assez efficace et qu'à ce stade il devait passer à l'offensive. C'est pourquoi il vous chuchote directement à l'oreille... Vous devez décider qui vous voulez écouter. Si vous pensez toujours que vous trouverez des preuves, ou même des arguments logiques et concrets pour l'existence ou la non-existence de Dieu, vous avez déjà perdu et vous ne comprendrez rien. Vous pouvez aussi penser qu'il est bon pour vous d'écouter les raisons et les arguments des deux côtés afin de finalement choisir celui qui vous semble juste. Laissez-moi vous dire, c'est un choix illusoire, qui ressemble à ceci : faut-il laisser votre enfant regarder un film d'horreur ou un gentil conte de fée ? Peut-être laisser l'enfant décider par lui-même? Mieux encore, laissez-le regarder les deux films et demandez lui ensuite ce qu'il veut voir dans le futur... Même s'il choisit les dessins animés, l'horreur qu'il a regardé changera sa psyché pour toujours...

Chaque jour, si vous n'êtes pas sur la bonne voie, vous êtes dans la mauvaise. Ou pour le dire autrement – si chaque jour vous n'allez pas dans la bonne direction, vous allez dans la mauvaise... Et lorsque vous déciderez enfin d'aller dans la bonne direction, vous aurez des kilomètres à rattraper. S'il vous plaît, ne vous trompez plus et ne me dites pas que vous ne savez pas quel chemin est le bon. Vous n'écoutez pas Luc pour cherchez objectivement la vérité. Il ne connaît pas la vérité. Il ne veut pas vous montrer une autre facette des mêmes choses, mais vous détruire. Il veut que vous regardiez un film d'horreur et vous, comme un petit enfant, vous ne pouvez lui refuser. Vous l'écoutez parce que vous vous intéressez à ce qu'il vous murmure à l'oreille. Et... vous voudriez que ce soit comme il dit... Des plaisirs gratuits et des crimes impunis ... Arrêtez d'être un adolescent vèxé par le monde entier, car vous deviendrez comme Luc, qui a atteint la perfection dans ce domaine.

Votre ange.

43

Bonjour,

Nous allons passer aux choses sérieuses. Vous vous tenez au bord du gouffre qui est à la fois la frontière de la philosophie, de la science et de tout ce qui est connu et prouvé. Comment faire un pas de foi ?
Croire ne signifie pas avoir l'impression de croire, et aimer ne signifie pas avoir des papillons dans l'estomac tout le temps. Si vous vous réveillez pour votre bébé la nuit, n'est-ce pas de l'amour pur, même si vous le faites énervé d'avoir été réveillé ? S'il s'agissait d'émotions, croire sur commande serait aussi difficile que de tomber amoureux de quelqu'un d'autre à la demande. Non, ce n'est pas une question de sentiments, mais une volonté, une décision. Le pas de la foi n'est donc rien d'autre que de se dire – oui, je veux savoir ce qui est au-delà des limites de la connaissance, s'il y a quelque chose là-bas. Ou sinon – je veux Le connaître, s'Il existe vraiment. Et hop – vous êtes déjà à un mètre du bord de la falaise. « Je

crois parce que je veux croire » est en fait la même affirmation que « je veux croire ».
Et quoi? Etes-vous tombé? Vous est il arrivé quelque chose ? Vous venez de meurtrir un peu votre ego, qui pendant tant d'années vous a dit que tout cela n'était que des choses stupides. Et après? La route sera-t-elle toujours droite et sûre maintenant ? Sûre oui, mais simple ? Mon Dieu non! Vous ne marchez plus sur aucune route là-bas, mais sur la main de Dieu, qui, même si elle est grande, finira un jour. Alors à nouveau, vous vous tiendrez devant un bord et vous devrez à nouveau sauter de l'autre côté. Ce sera plus facile pour vous, car vous avez déjà fait un premier pas dans l'abîme. Au fil du temps, la distance entre les mains augmentera de sorte que vous devrez grimper et même faire un sprint pour sauter loin.
Vous vous demandez – à quoi tout cela sert-il? Pourquoi Dieu se cache-t-il ? Pourquoi fatigue-t-il un homme en le faisant sauter de falaise en falaise ? Parce que c'est l'école de vol de Dieu. Vous n'apprendrez jamais à voler allongé dans le nid, mais vous vouliez voler comme Superman, n'est-ce pas ? Et bien voilà.

Votre ange.

44

Mon cher étudiant,

Je suis tellement content que tu aies cessé de croire l'ange. Vous l'avez enfin vu. Tant qu'il parlait de philosophie, de concepts et de valeurs, je l'ai vu avec tristesse vous attirer pas à pas à ses côtés. Je m'inquiétais déjà pour vous. Maintenant, cependant, il a mis ses cartes sur la table et a perdu, car tant qu'il parlait de philosophie, il avait encore des quelques arguments en main, et puis finalement... Il n'y a pas d'as dans son jeu,... Il n'y a même pas de dames ni de paires. Il vous a montré des deux, trois et quatre. Je suis désolé, c'est comme, il a perdu.

Quelques histoires amères ne remplaceront pas un argument solide, tout comme aucune foi ne peut remplacer la science, je suppose que nous sommes d'accord avec cela. Et je peux vous donner des arguments à volonté. Lequel voulez-vous? Contre Dieu ? Contre l'Église ? Le Christianisme ? La Bible? Pas de problème, je vous écrirai des centaines de lettres sur l'inquisition, les procès de sorcières, les croisades, la falsification de l'Évangile, la trahison des papes et la prétendue sainteté des saints. C'est avec grand plaisir que je vous parlerai de certains penchant des hiérarques d'église et répondrai à toute question concernant les erreurs dogmatiques.

La religion est pour les petites gens qui ne peuvent pas accepter le fait qu'ils sont vieux et donneront au prêtre leurs économies pour les asperger d'eau bénite.

Vous n'avez qu'a m'écouter... Je vous donnerai ce que vous voulez vraiment. Vous ne voulez pas d'une foi douteuse et minée, vous voulez la certitude. Vous voulez voir le monde avec l'œil d'un conquérant et marcher d'un pas soutenu dans les rues bordées de gratte-ciel des capitales. Prenez son Superman, son école de vol et rangez les au rayon contes de fées, j'ai des hélicoptères et des chasseurs F-56. Voulez-vous sauter dans l'abîme? J'ai un élastique et un wingsuit.

Je n'exige aucune décision ou acte de volonté. Écoutez-moi simplement.

Luc.

45

Bonjour,

La compréhension humaine du monde est souvent assez drôle pour nous – vous vaquez à vos occupations, vous apprenez, vous travaillez, vous tombez amoureux, vous vous inquiétez et vous élevez des enfants tout le temps, jugeant et assurant année après année que vous connaissez le monde. Vous ressemblez un peu à des hamsters qui ne remarquent même pas qu'il y a autre chose en dehors de leur cage. Des fois vous buvez de l'eau d'un petit abreuvoir, et apres avoir mangé des céréales, vous courez avec enthousiasme dans le carrousel en plastique, le plus rapidement possible avec vos petites pattes.
 Le monde n'est pas seulement ce que vos yeux sombres voient. Regardez autour de vous – jusqu'où vos yeux peuvent-ils voir ? Deux kilomètres ? Trente si vous montez. Qu'est-ce que c'est par rapport à un continent ou à une planète. Vous n'êtes plus en mesure de réaliser la taille de votre système solaire, et il y en a des millions dans votre galaxie. Savez-vous ce que représente un million ? Un million d'années ? C'est facile à dire ou à

écrire, mais réfléchissez-y. Il y a des millions de millions de galaxies comme la vôtre aussi... Vos yeux voient si peu, un peu plus, si vous avez des instruments, mais vous ne regardez toujours pas à plus de quelques centimètres au-delà de votre cage de hamster.

L'univers est vraiment beaucoup plus grand qu'une cage, que la pièce dans laquelle il se trouve, qu'un appartement, une ville, un pays ou une galaxie. Contrairement aux apparences, il n'y a qu'une seule façon de connaître l'univers, et à travers ce qui est recherché et connaissable on ne pourra jamais aller ausi loin qu'avec l'indémontrable. C'est pourquoi nous avons commencé par la philosophie, en examinant ce qui peut être recherché et compris. A partir de valeurs bien comprises, comme la Vérité, le Bien et le Beau, c'est-à-dire votre appartement, nous sommes sortis dans le monde de la morale, difficile et compliqué, mais toujours compréhensible avec ses tempêtes et ses saisons climatiques. Vous pouvez marcher sur la planète stable de la philosophie tant que vous avez un peu d'esprit dans votre tête. La science aide beaucoup à comprendre de nombreux phénomènes, des relations interpersonnelles, en un mot, ce qui est explicable. Par conséquent, ceux qui sautent l'étape de l'apprentissage pour le reste de leur vie seront un peu désavantagés, car ils ne comprendront jamais son énormité et après avoir lu trois livres, ils leur sembleraient qu'ils sont déjà devenu des spécialiste. Il est très important d'apprendre la pensée logique et l'argumentation, sans quoi chaque rafale de vent sera comme une tornade emportant les gens au loin. Mais le monde n'est pas seulement une planète dure sur laquelle vous marchez. Celui qui ne comprend pas cela ne sortira jamais de sa cage.

La route de votre qui mène de votre maison vers les galaxies et au-delà est étonnamment, toujours la même route. Car si dès le début, connaissant d'abord le seuil de votre propre appartement, vous vouliez vraiment connaître la Vérité, c'est exactement la même Vérité qui peut désormais vous conduire vers les étoiles. Seul l'œil non averti peut voir de nombreuses routes et de nombreuses possibilités différentes. Une bonne vue verra rapidement une bonne direction, un Chemin , une Vérité et une Vie.

Votre ange.

Les lettres du
diable gardien

www.nicolaspierredalone.com

46

Bonjour,

Il y a toujours de l'espoir sur le chemin. Celui qui marche espère, sinon il finirait par s'asseoir et commencerait à désespérer. Chaque pas, qu'il soit sur le sol solide du connu ou sur une surface totalement inconnue, est un pas d'espoir qui en vaut la peine. Pourquoi ça vaut le coup d'y aller ? Ce chemin fait sens, si au bout quelque chose nous attend.

L'espoir est la clé pour comprendre toute action, aller de l'avant, travailler sur soi-même, apprendre, méditer et enfin croire. Sans l'espoir qu'il y ait quelque chose au bout du chemin, il ne sert à rien de faire le moindre pas dans la bonne direction. S'il n'y a rien à la fin, en fait, vous devriez vous adonner aux plaisirs et tuer le temps, histoire de vous débarrasser de la "douleur d'être". Mais pourquoi ces poètes se sont terriblement plaints ... Mais pourquoi ces pauvres philosophes compatissants se sont apitoyés sur eux-mêmes à cause des dilemmes de la nature de l'être ... Mais pourquoi ces artistes, peintres, musiciens et rappeurs trop sensible pleurent à cause du manque d'espoir ...

Le choix final appartient à l'homme qui veut avoir ou qui veut se priver de cet espoir.

Quand Adam, figure littéraire représentant tout être humain (en hébreu, Adam signifie homme), a mangé le fruit interdit, il a entendu une question de Dieu : Adam, où es-tu ? C'est une question que tout homme entend quelques fois dans sa vie. L'Adam biblique s'est caché comme pour dire "Je ne suis pas là". Il ne voulait pas parler. La foi est la réponse.

S'instaure alors le dialogue qui n'est possible qu'entre deux personnes et nécessite une certaine forme de confiance de part et d'autre, sinon il se transformerait en lutte. Je vous parle parce que je veux vous connaître, et vous voulez me connaître aussi. En toute liberté, je vous ouvre à moi-même, car je vous fais confiance que ce que vous apprenez, vous ne l'utiliserez pas contre moi, que vous ne vous moquerez pas de moi, que vous ne piétinerez pas ce qui est important pour moi.

La confiance est, après l'espérance, le deuxième fondement de la foi. Cependant, vous pouvez espérer "quelque chose", mais vous ne pouvez faire confiance qu'à "quelqu'un".

Si Adam savait à quel point le monde est différent du point de vue du chemin... Il a préféré s'apitoyer sur son sort, il a préféré se plaindre, se cacher dans les buissons par peur. Une approche très masculine, vous ne trouvez pas ? Plus vous avancez, plus le monde semble différent. Plus complet, coloré et contraire aux apparences, de plus en plus logique et compréhensible.

La compréhension vient après la confiance. Est-il étrange que vous deviez d'abord faire confiance ? Vaut-il mieux accepter quelque chose "sur parole" pour comprendre ? Comment vous voulez vous apprendre les maths ? Ne devez-vous pas d'abord faire confiance au professeur qu'il les connaît et ensuite qu'il n'est pas une mauvaise personne et qu'il vous enseignera bien ? L'espoir vient en premier, la confiance vient après et la compréhension vient en dernier. Vous aimeriez comprendre d'abord, puis éventuellement accepter quelque chose ou non ... Vous ne regarderez pas les mathématiques comme un mathématicien titulaire d'un doctorat, si vous ne suivez pas vous-même le long processus d'éducation ... si vous n'accordez pas votre confiance, vous n'irez nulle part.

Le chemin vers la connaissance de la Vérité est un processus similaire à l'apprentissage des mathématiques. Au tout début, vous devez faire confiance au Maître. Soyez patient, la compréhension viendra avec le temps...

Votre ange.

47

Bonjour,

La foi du point de vue de la psychologie, c'est "s'imprimer" une certaine façon de regarder le monde et soi-même dans son subconscient. Qu'est-ce que cela veut dire? C'est juste que la foi ne consiste pas à faire un pas de courage, une fois dans sa vie, de préférence un instant avant la mort, pour se "convertir" et tout ira bien. Le chemin de la foi ressemble plus à apprendre, à conduire une voiture. Au début, vous montez dans cette voiture qui est une machine complètement étrangère pour vous. Vous connaissez peut-être cette voiture depuis votre enfance et vous commencez maintenant à la conduire, mais c'est un autre paire de manche de d'être derrière le volant ! Vous souvenez-vous du moment où vous avez démarré le moteur pour la première fois et où la voiture a démarré toute seule ? Ce n'était qu'un pas de foi. Vous avez fait le premier geste, appuyé sur l'accélérateur, relâché l'embrayage et, avec une multitude d'émotions contradictoires mais intenses, entamé la première heure de conduite.

Dans les heures qui ont suivi, vous avez appris à faire marche arrière, à prendre les virages, à freiner et à démarrer rapidement afin de maîtriser la voiture, en quelques sorte, vous "lier d'amitié" avec elle.

Finalement, vous êtes descendu dans les rues de la ville pour affronter la réalité avec un véhicule déjà relativement apprivoisé. Les études ont duré plusieurs dizaines d'heures, vous avez maîtrisé la théorie, finalement réussi l'examen et reçu le papier tant attendu.

Pendant un an ou deux, vous conduisez encore comme un "conducteur du dimanche", avec un peu plus de confiance, mais toujours le cœur battant à l'approche d'un rond-point difficile.

Tant que vous ne commencez pas à parler librement avec le passager, tant que vous ne sentez pas que le volant est littéralement une extension de votre corps, cela signifie que vous n'avez pas encore "imprimé la conduite dans votre subconscient". C'est une question d'automatisme, de prise de décision rapide basée sur l'expérience.

La foi exige exactement la même "empreinte" pour certains comportements, pensées, ou mieux, attitudes dans la vie, afin de faire automatiquement le bien en temps de crise. Pourquoi est-ce si important ? Parce que probablement ni vous, ni même Dieu, ne vous souciez de vos décisions prises sur un coup de tête, dans un élan d'émotions. Bien souvent, un jour tu veux, le lendemain tu ne veux pas, le troisième tu hésites, le quatrième tu veux encore. C'est comme ça que vous êtes.

Vous vous créez lorsque votre conscience est « imprégnée », vous créez votre « moi »en toute liberté.

Vous aller être comme ça, parce que vous voulez être comme ça - n'est-ce pas le summum de la liberté ?

Il en est ainsi tant que "l'imprégnation" est un processus délibéré et volontaire. La partie subconsciente de votre esprit "ne supporte pas le vide", c'est-à-dire qu'elle doit se remplir de quelque chose. Si vous ne lui donnez pas de bonnes attitudes, comportements, valeurs, arguments et des centaines d'autres composantes de votre personnalité, elle les prendra pour elle à partir de ce que vous regardez, de ce que vous lisez, avec qui et de quoi vous parlez. Après des années de négligence de votre subconscient, il s'avérera que vous ne vous connaissez pas du tout, ou que vous n'êtes pas du tout ce que vous vouliez être, car vos réactions dans les moments de crise vont vous effrayer.

La foi est une empreinte volontaire de vous-même tel que, croyez-moi, vous voulez vraiment être. Qu'est-ce que vous obtenez en retour? La même chose qu'après des années de conduite automobile - confort, satisfaction, sécurité, et ... Le sentiment de liberté à un tout autre niveau.

Voilà la justice - quiconque croit, doit avoir voulu croire une fois, il en est ainsi pour tout le monde,du bodybuilder écervelé au penseur rationnel en passant par les barbies de télé-réalité. Ce ne sont pas les moments qui changent vraiment une personne, mais sa vie de tous les jours.

Vous pouvez participer à "vous créer" si vous le souhaitez, ou vous pouvez laisser votre environnement vous créer. Dans tous les cas, cependant, vous devrez assumer la responsabilité de ce que vous avez choisi. Si dans vingt ans vous vous retrouvez à moitié alcoolique, un frustré qui se plaindra constamment du monde, du pays et de toute sa vie, vivant sans but, ou pire - pour l'argent, la gloire ou son propre égoïsme - j'espère que vous saurez quel en sera la raison ...

En vous engageant sur le chemin de la foi, vous commencez à imprimer dans votre subconscient l'idéal de l'humanité, l'image du plus grand être humain qui ait jamais existé, afin de pouvoir réellement répéter son comportement. Mais j'en dirais plus à ce sujet dans la prochaine lettre.

Votre ange.

48

Bonjour,

On ne combat pas un dragon comme on combat un mouton. Le dragon peut voler, crache du feu, a des crocs puissants, est incroyablement fort et rapide. Il est extremment difficile de percer sa peau, qui est souvent recouverte d'écailles de fer, et parfois vous ne pouvez même pas le regarder car sa vue peut vous transformer en pierre.
Avez-vous déjà entendu parler d'un roi battant un dragon ? Ou une armée ? Jamais, les rois reviennent blessés et les armées écrasées. Aucun brave chevalier ne sortira de la caverne du dragon, d'où vient la puanteur de la mort. Alors qui peut vaincre le dragon ?
Vous combattez un dragon différemment car il est plus fort, plus rapide et plus malin. En combattant avec une épée ordinaire, vous n'obtiendrez rien. Il y a un moyen de gagner avec les dragons. Une flèche spéciale visant l'endroit entre les écailles de fer sur sa peau, ou une épée unique fabriquée à la main à partir d'une météorite. Le meilleur tueur de dragon, cependant, est un simple

garçon, un cordonnier ou un hobbit qui, avec une idée digne d'un génie, vaincra le dragon une fois pour toutes.

Vous ne pouvez pas combattre le dragon par la force. Le mal ne peut être combattu par le mal. On ne peut pas répondre à la haine par la haine.

Mais comment ne pas haïr ceux qui vous souhaitent du mal ? Après tout, c'est la loi la plus fondamentale de la nature de rendre à l'ennemi le mal pour le mal. Est-ce aller contre sa propre nature ?

Nous avons déjà parlé de votre nature. Vous descendez d'animaux, vous avez donc des besoins et des inclinations animales. Cependant, vous êtes plus que des animaux insensés. Vous avez deux natures dans un seul corps et c'est à vous de choisir celle que vous abandonnez, celle que vous nourrissez et celle que vous combattez. Si vous nourrissez la bête, elle finira par vous dévorer et vous deviendrez vous-même un dragon. Et sinon ? Qui deviendrez-vous si vous combattez la bête ? Tout d'abord, pour gagner avec un dragon, vous devez avoir un plan pour le gérer. Vous ne pouvez pas discuter avec lui ou il vous mangera avant que vous ne vous en rendiez compte.

Le dragon intérieur est gagné par le bien. Mais comment être bon si ce n'est pas dans votre nature ? C'est que cette nature doit être changée. Imprimez dans votre subconscient le système de conduite de la seule bonne personne qui ait jamais marché sur la terre. Vous demandez - comment a-t-il réussi à être bon? Parce qu'il avait encore une autre nature, parfaite, divine. Il a déjà gagné contre un dragon et nous a montré comment faire. Pas avec haine mais avec compassion, pas avec une force physique mais avec une force spirituelle, pas en infligeant des blessures, mais en acceptant d'être blessé.

Le dragon, c'est-à-dire Luc - un gentilhomme inoffensif qui montre les charmes du monde, dévore les gens comme vous au petit-déjeuner. Il est comme un poisson des profondeurs qui trompe les autres poissons avec une lumière accrochée à une longue saillie, mais lorsque la victime peut être trompée et que l'intéressé s'approche, il s'avère qu'il est trop tard pour qu'elle s'enfuie de l'énorme mâchoires cachées dans l'ombre. La seule défense contre Luc n'est ni la connaissance ni les arguments, car ils ne sont que la première ligne de défense. La vraie lutte ne se déroule pas dans une discussion, mais dans la vie de tous les jours, et c'est dans celle-ci que vous êtes le plus faible. Par conséquent, la seule option est d'obtenir un doctorat en Défense Contre les Dragons. Et cela ne peut être obtenu que de la seule personne dans l'histoire qui ai gagné contre le dragon.

Votre ange.

49

Bonjour,

Il y a des mots qui sont différents de tous les autres, ne décrivent pas le monde, ne servent pas à découvrir la beauté, ne conduisent pas à l'action rapide. Ils ne font pas un roman, un drame ou une poésie, bien qu'ils soient un peu de tout cela. Les mots dont je parle ne donnent pas des expériences faciles ou de beaux moments, ils sont plutôt comme un programme informatique, comme un long algorithme, complètement incompréhensible et ennuyeux pour un étranger. Ce programme peut sembler comme tous les autres, car il est également composé de chiffres qui coulent constamment, et seul un bon expert, un ingénieur du Nebuchadnezzar ou de Sion, y verra quelque chose de plus que la Matrix elle-même.

Il y a des Paroles qui éclairent le monde entier, grâce auxquelles les arbres ne sont plus que des arbres et les nuages ne sont plus des nuages. Ces mots, comme un programme informatique, ne sont pas destinés à être beaux ou intéressants en eux-mêmes, mais à AGIR.

Les mots dont je parle doivent être téléchargés, tout comme l'installation de l'application sur l'ordinateur. Et ne dites pas que vous connaissez déjà les morceau de l'algorithme, car même si vous étiez Neo lui-même, vous ne pourriez même pas imaginer ce qui se passerai après l'installation du programme.

Grâce aux Paroles vous verrez tout baigné de lumière, comme si vous mettiez un filtre moderne sur vieil appareil photo. Vous gagnerez une perspective complètement nouvelle, vous comprendrez ce qui semblait trop difficile hier et vous ressentirez une vague d'émotions complètement nouvelles. Vous devez commencer à imprimer des mots dans votre subconscient dès que vous avez fait le premier pas de courage. Ils ne sembleront pas clairs et compréhensibles dès le début. Ils ne seront même pas intéressants, et en aucun cas vous ne vous contenterez "d'apprécier la lecture". Mais est-ce que l'installation d'un programme doit être amusante ? Après tout, ce n'est pas pour cela que vous téléchargez l'algorithme, le décompressez, le copiez et effectuez parfois des dizaines d'opérations pour profiter de l'application elle-même...

Le seul problème avec les programmes est que plus le système d'exploitation est avancé, plus ils doivent être étendus. Et Votre l'Ame 2022 est - croyez-moi - beaucoup plus compliqué que Windows 22, qui ne sera peut-être jamais édité. Par conséquent, l'installation prend BEAUCOUP de temps. Cependant, ce programme, et donc les mots anciens qui doivent être imprimés dans le subconscient, sont en fait le seul remède disponible contre la mortalité. Qu'est-ce que cela signifie littéralement?

La mort signifie l'égoïsme. Grâce aux Paroles vous cesserez de penser uniquement à votre personne comme un enfant gâté. La mort signifie l'esclavage, les Mots vous donneront une véritable liberté, face à l'influence des collègues ou de la culture, des addictions, de la peur du monde et enfin de vous-même. La mort signifie la solitude. Grâce aux Mots vous découvrirez ce que l'amitié, l'amour ou les relations avec les autres ne sont pas.
 Grâce aux Mots, vous saurez la vérité sur ce qui vous tient le plus à cœur. En fin de compte - la mort est la mort au sens littéral. C'est en ce sens que les Mots donnent la vie.
 Tout ce que vous avez à faire est de franchir la prochaine étape à travers le gouffre. Peut-être plus difficile que le premier, car il vous oblige à une action spécifique à long terme. À partir de la prochaine lettre, j'essaierai de vous aider, en tant que bon informaticien, je vous guiderai dans les premières étapes de l'installation et vous expliquerai où cliquer. Juste l'essentiel - ne vous attendez pas à des résultats tout de suite. Au début, tout ce que vous verrez seront des séquences de chiffres incompréhensibles, mais si vous voulez apprendre la Défense Contre les Dragon, vous devez passer par cette formation pour enfin voler comme Neo et écraser des centaines de Luc en costume noir d'un seul coup.

Votre ange.

50

Bonjour,

Quand on a la bonne perspective, quand on regarde le monde non plus depuis son propre jardin, ni même depuis la surface de la planète, mais depuis l'espace interplanétaire, tout paraît complètement différent. Les problèmes deviennent insignifiants, mais les choses réellement important de votre point de vue, deviennent négligeable pour les autres. Le basculement Copernicien, a eu lieu lorsque le roi a lavé les pieds des autres en disant : Je voudrais que vous compreniez ce qu'est le chemin du bonheur. Vous ne serez jamais heureux si vos rêves concernent la richesse, le pouvoir ou la position sociale.

Peut-on être pauvre et heureux ? Pouvez-vous réaliser vos rêves en vous rendant à un travail mal rémunéré avec une vieille voiture ?

Le roi a autrefois composé huit règles simples qui mènent au bonheur, mais le vrai s'oberve depuis l'espace interplanétaire, pas de la cage du hamster.

La première règle dit quelque chose comme ceci : „Tu seras heureux quand tu deviendras pauvre à l'intérieur."

Qu'est-ce que cela veut dire? Ce n'est pas que vous devez vendre tout ce que vous avez pour ne plus rien avoir et ainsi devenir vraiment pauvre. Il s'agit plutôt de pauvreté interne, c'est-à-dire d'une attitude indifférente à l'argent, au travail, aux revenus ou au statut social qui y est lié. Est-il possible de développer une telle attitude ? Si vous êtes toujours dans la cage du hamster, certainement pas. A l'intérieur, vous priez tous les jours pour que l'abreuvoir ne manque pas d'eau ou de grains par terre, et votre plus grand rêve est un manège en plastique pour courir, une voiture moderne, un appartement dans une grande ville, et surtout gagner au loto.

Du point de vue des étoiles, ce ne sont que des jouets enfantins dont vous devez vous émancipez si jamais vous voulez quitter l'école maternelle du spirituelle.

Depuis Mars, une Ferrari ressemble à un champ de coquelicot, et les gens sur la plage ne sont pas différents des gros phoques ...

Vous me direz – sans eau dans la cage, je vais mourir ... Sans nourriture, je vais dépérir ... Premièrement – pourquoi vous en souciez-vous, au lieu d'essayer de comprendre comment vous échapper de la cage ? Vous pensez comme un esclave ... Si vous manquez d'eau, jusqu'à ce que vous vous enfuyiez, vous mourrez de toute façon, que vous vous en inquiétiez ou non. Deuxièmement – n'est-ce pas une excuse pour simplement vous amuser sur le carrousel en plastique ?

Lorsque vous arrêtez enfin de penser aux jouets, vous pouvez vous concentrez sur les choses importantes, sur votre voyage vers les étoiles.

Alors encore une fois : „Vous êtes heureux lorsque vous devenez pauvre à l'intérieur, car c'est ainsi que vous pouvez vivre parmi les étoiles."

Votre ange.

51

Bonjour,

Avant de passer à la deuxième règle, qui concerne le vrai bonheur, nous devons clarifier quelque chose d'important, sinon le plus important, ces règles existent vraiment et ont été vraiment formulés par le Roi lui-même. Alors qu'auparavant il était possible de se demander où était la poésie et où se trouvait la forme littéraire, maintenant nous avons commencé à travailler sur un texte "vivant". Ce sont les Mots qui doivent être imprimés dans le subconscient et qui mènent à la Vérité. Fini la philosophie avec les arguments et les preuves. Nous avons emprunté un chemin que vous pouvez, ou non, suivre, mais c'est de cela qu'il s'agit dans la foi. En d'autres termes, croyez-moi ou non. Je voulais voyager avec vous sur le chemin du nihilisme dépressif et du cynisme toxique vers une vision rationnelle du monde et de la vie. J'espère que j'ai réussi à montrer que vous ne pouvez connaître la Vérité qu'en étant honnête, et que je me soucie de l'honnêteté. Maintenant, cependant, je voudrais que vous réalisiez que vous avez affaire à bien plus que de beaux mots douillet. Et si vous saviez ce que signifient réellement ces mots vivants ?...

La deuxième règle est quelque chose comme ceci : En ce bas monde, heureux sont les tristes. La tristesse et le bonheur peuvent-ils avoir quelque chose à voir l'un avec l'autre ? Comment ces deux mots apparaissent-ils l'un à côté de l'autre dans une phrase ? Faudrait-il sauter de joie de s'amuser dans sa cage à hamster ? D'avoir un nouveau carrousel en plastique ? Que quelqu'un remplace votre foin par un nouveau ?

Si vous êtes assis dans une cage, le pire qui puisse vous arriver est que vous l'adoptiez et que vous vous y sentiez bien, que l'abreuvoir et le carrousel finissent par remplacer votre liberté. C'est ainsi que, parfois, après de nombreuses années d'enfermement en prison, le détenu ne veut pas rentrer chez lui. Sa vie est maintenant là, derrière la porte de fer.

Si vous êtes assis dans une cage à hamster et que vous commencez à vous sentir bien, parce que vous avez tout ce dont vous avez besoin - un ordinateur, de l'argent, une voiture - alors, paradoxalement, la meilleure chose qui puisse vous arriver serait que quelqu'un vous pique votre dèrrière dodu avec une pique en bois. Réveillez-vous pour ne pas être prisonnier pour toujours. Comme Socrate, qui a écrit sur lui-même qu'il est comme une grosse mouche, qui pique le cheval - le peuple d'Athènes - le forçant à bouger.

Seul un esclave fini est heureux que son propriétaire lui accorde une miette de liberté. L'impulsion humaine à l'esclavage est le chagrin.

Donc finalement, heureux sont ceux qui sont maintenant tristes, car grâce à cela ils trouveront enfin leur consolation.

Votre ange.

52

Bonjour,

Le troisième principe qui mène au bonheur est : Heureux sont les invisibles. Les invisible? Il s'agit de ces personnes que vous ne voyez pas à la télévision, qui ne sont pas sur un podium ou qui ne créent pas de chaînes YouTube avec une grande audience. Il s'agit de personnes qui ne cherchent pas à ce que les autres les voient ou les entendent. Ce sont ceux qui ne se disputeront pas avec le gardien pour 5 euros dans la file d'attente du Louvre, qui ne se battront pas contre le monde entier au comité des parents pour que les enfants aient un sandwich au fromage et non un sandwich au jambon. Ces personnes seront heureuses de pouvoir regarder le monde depuis les étoiles et de voir les vrais problèmes.

Il ne s'agit cependant pas de se retirer de la vie publique par peur, ou de ne pas entreprendre une juste lutte à cause de la paresse. Au contraire. Le petit chien qui a peur de tout, hurle le plus fort, compense son manque de force en aboyant. Un gros chien n'a pas du tout besoin d'aboyer. Pourquoi? Parce qu'il a la force de ne pas avoir peur. C'est de cela dont nous parlons.

Il suffit au gros chien de faire un pas pour effrayer tous les petits chiens. Et si quelqu'un était né petit et maladroit ? Qu'en est-il de ceux qui doivent aboyer comme des petits chiens pour se faire entendre ? Un gros chien peut se permettre d'être invisible ou silencieux, car il est gros et personne ne cherchera à l'attaquer, mais qu'en est-il des petits ? Leur interdire d'aboyer ?

Heureux ceux qui savent où puiser la force de devenir invisibles - pourrait-on ajouter, ou autrement dit- si vous voulez être heureux, vous devez trouver une source de force pour ne pas avoir à aboyer et avoir peur pour tout.

Ce principe ne concerne donc pas l'invisibilité, la douceur ou la force, mais la source de cette force qui cause le bonheur humain. Où trouver cette source ? La réponse est détenu par celui qui a formulé ce principe.

Donc encore une fois - Heureux sont les invisibles et les silencieux, car ils auront tout.

Votre ange

53

Bonjour,

  Le quatrième principe qui mène au bonheur est : Heureux ceux qui recherchent vraiment la justice. Je sais que cela vous paraît évident et compréhensible, voire banal. Tout le monde ne demande-t-il pas justice, souhaitant donc que le traître soit puni ? Pas tout à fait. Nombreux sont ceux qui pensent que le monde serait meilleur si on leur donnait plus de liberté et, selon eux, plus d'impunité. Pourquoi intervenir ? Un petit larcin n'est pas un vol, des petites combines tranquille ne sont pas tricher, même tuer à la demande de la victime n'est pas un meurtre. Chercher sincèrement la justice, c'est chercher la Vérité de ce qui est bien et de ce qui est mal.
 En fin de compte, celui qui veut qu'un traître soit puni veut devenir juge lui-même. Oui, vous aimez faire des jugements, surtout ceux avec une condamnation. Bien sûr, quand il s'agit des autres, pas de vous-même.

Chercher la justice, ce n'est pas se plaindre des autres et du monde qu'il est injuste, mais vouloir être soi-même juste, c'est un travail de longue haleine sur soi pour devenir ce que l'on aimerait voir autour de soi, ce que l'on aimerait que le monde soit.
La faim de justice est une faim intérieure qu'il faut acquérir, c'est à travers sa conscience qu'il faut s'en lier d'amitié après des années de brouillage et de déception. Une telle faim exige avant tout de l'humilité et donc la reconnaissance de l'injustice en soi. En d'autres termes, c'est un désir de cesser d'être le dernier égoïste, qui ne pense qu'à rendre sa vie meilleure, plus confortable et plus agréable pour lui, et qui ne se soucie pas des autres. Finalement c'est une promesse : - Ceux qui ont vraiment faim de justice seront heureux et rassasié

Votre ange.

54

Bonjour,

Nous sommes au milieu des règles du bonheur. Vous vous attendiez à quelque chose de plus addictif ? Des conseils simples, tels que – se lever tôt, car cela vous donnera de la force pour toute la journée, ou sourire aux gens, pour qu'ils vous retournent le sourire ? Si vous recherchez ce type de divertissement bon marché, rendez-vous dans la rubrique tuto de You Tube. Je peux vous assurer que vous y trouverez des conseils sur tout, pas seulement sur le bonheur, mais aussi sur la réussite professionnelle, comment se faire aimer des gens, et même comment gagner un million d'euro. Dans ces lettres, cependant, au lieu d'utiliser des gadgets marketing bon marché, je montre la Vérité, les paroles du Créateur du Bonheur, et en elle-même, elle n'est pas accrocheuse et c'est bien la raison pour laquelle, les gens préfèrent regarder une série plutôt qu'un documentaire ou lire un roman idiot plutôt qu'un traité philosophique.

Pourquoi? C'est votre dépendance constante aux émotions et àu dédain de la compréhension qui rend votre volonté complètement inerte. Si vous ne vous fiez qu'aux émotions, vous choisirez toujours Lady Gaga plutôt que Bach, car pour comprendre Bach, il faut se lier d'amitié avec lui, apprendre à le connaître, faire des efforts.

Alors s'il vous plaît, prenez conscience une fois pour toute de votre paresse intellectuelle, émotionnelle et spirituelle et commencez enfin à la combattre. Ce n'est qu'ainsi que vous aurez une volonté toujours plus forte – qu'est-ce que cela signifie ? Que vous serez de plus en plus libre. Mais vous le savez déjà.

Donc, si nous voulons arriver à quelque chose, arrêtez de penser en termes de – j'aime ou pas – mais – le bien en ressort ou le mal en ressort. Sinon, vous serez pour toujours une petite fille devant le magasin, qui échangerait son âme pour une sucrerie. Tout ce que vous faites ne doit pas être par plaisir, tout ne doit pas être surprenant, choquant ou même intéressant.

On peut reconnaître la Vérité car elle n'est pas joliment emballée, elle n'a pas d'étiquettes colorées ni de rubans. C'est pourquoi on dit qu'elle est « nue ». Par opposition au mensonge magnifiquement habillé, mouillé de publicités et vendant du rêve.

C'est la prochaine étape du courage, pour reconnaître la Vérité, elle n'est, par définition, pas passionnante. Elle ne vous emmènera pas dans une course simulée de voiture de rallye, ou dans les profondeurs de la mer. Au contraire, cela vous montrera la vérité sur vous-même, sur votre faiblesse, vos rêves au rabais, et votre vie quotidienne. Mais en elle, dans ce quotidien, elle travaille, travaille lentement, répare, annoblit, motive.

Non, la Vérité ne vous emmènera pas dans un de ces voyages télévisé au bord d'une plage avec un cocotier, elle veut vous arracher de l'écran, prendre les sucreries de votre main et vous offrir un travail de longue haleine, qui sera parfois difficile, parfois ennuyeux, mais son effet sera un vrai voyage vers les étoiles.

Votre ange.

55

Bonjour,

Le cinquième principe est "Heureux ceux qui pardonnent". A première vue, on pourrait croire que le principe dit que heureux sont les faibles qui ne se battent pas pour les leurs. Cependant, il s'agit d'une force réelle, qui s'exprime dans l'inaction. Seul un homme vraiment fort ne frappera pas lorsqu'il sera offensé, et le gros chien ne fera pas attention aux aboiements du caniche. En d'autres termes, vous avez besoin de plus de force pour ne pas tuer.

 Il faut avoir une vision très spécifique de tous les êtres humains, en tant que créatures faibles, perdues dans leurs affaires, ballottées entre désespoir et fausse confiance en soi. Il n'y a pas d'ennemis parmi vous, pas de méchants à exterminer, seulement des gens brisés, déformés et malheureux. Vos ennemis ne sont pas des hommes. Ce n'est pas le dictateur de l'Est qui est l'ennemi numéro un, car même si quelqu'un veut vraiment vous détruire, il n'est qu'une victime du système, tout comme vous et tout le monde.

Tout ce que vous avez à faire est de regarder autour de vous mais de regarder sous les masques humains. Alors vous ne verrez plus un malfrat musclé, mais un perdant faible et hystérique. Vous ne verrez plus une directrice fiere et sûre d'elle, mais une jeune fille complexé de 15 ans dans le corps d'une femme obèse.

C'est donc un faible perdant qui vous a frappé, et vous avez été blessé par une jeune complexé de quinze ans. Est-ce plus facile ainsi ? Maintenant, vous pouvez leur pardonner, n'est-ce pas ? Ils sont tout aussi dignes de pitié que vous, et peut-être même plus, car même si vous êtes jeune, vous en savez déjà tellement que vous pourriez, si vous le vouliez, être plus mûr qu'un savant professeur.

Luc est l'ennemi, pas votre voisin, pas votre mauvais ami du travail, pas le tyran de l'école primaire, pas le voleur qui a pris votre portefeuille. Ce sont tous de pauvres victimes du système. Si vous ressentez miraculeusement de la compassion pour l'un d'entre eux, au lieu de la volonté de vous venger, ce sera exactement le principe d'aujourd'hui - la miséricorde.

Mais que se passe-t-il lorsque vous ne pardonnez pas ? Ce n'est pas votre collègue ou l'oppresseur qui en souffrira, mais vous. Vous souvenez-vous de la lettre de haine ? Elle mange les gens comme un requin mangeur d'hommes, mais plus souvent ceux qui detestent plutôt que les détestés. Ainsi, « heureux seront ceux qui pourront regarder les autres avec miséricorde, car ils acquerront une force réelle et, quand cela sera nécessaire, ils recevront eux-mêmes miséricorde ».

Votre ange.

56

Bonjour,

Le sixième principe qui mène au bonheur est "Heureux ceux qui peuvent voir le monde et les gens sans préjugés". S'agit-il de stéréotypes ? Un peu évidemment, mais comme dans la lettre précédente, il s'agit de regarder sous les masques des gens pour voir leur vrai visage, et plus encore d'avoir un "regard clair". Un peu comme si vous vouliez prendre une bonne photo - le cadre est posé, la lumière est bonne, les couleurs sont intéressantes, mais il quelque chose ne va pas. Finalement, vous devez vérifier l'appareil photo lui-même, car il se peut que vous ayez juste un objectif sale ...

En observant attentivement le monde, l'observateur doit avoir une image claire, sinon il ne verra rien d'autre que la saleté sur le verre.

Par conséquent, l'hygiène des yeux est importante pour que, lorsque vous regardez une jolie dame, vous remarquiez également son visage ... Mais pour voir le monde correctement, vous devez veiller non seulement à une bonne vue, mais également, car vous ne percevez pas les gens uniquement avec vos yeux, voir avec votre cœur, ce qui est beaucoup plus important. S'il est sale, vous verrez même de bonnes personnes déformées par votre filtre intérieur. Comme si vous portiez des lunettes noires tachées de boue. Jusqu'à ce que vous les laviez, le monde entier vous semblera gris, déprimé et laid.

Alors, pourriez-vous être tenté de dire que le bonheur dépend en grande partie de la pureté de votre cœur ? Bien sûr! C'est exactement ce que dit la sixième règle. Mais... qu'est-ce que le cœur poétique Saint-Exupéryesque ?

Le cœur dont il faut s'occuper, c'est avant tout le subconscient. Si vous le nourrissez de peur, de violence et de lasciveté, il n'est pas surprenant qu'il vous rende la pareille. Il est le premier filtre à travers lequel vous regardez le monde et les gens. Si vous voulez voir la beauté, la bonté et la noblesse, c'est aussi ce dont vous avez besoin pour le nourrir.

Deuxièmement, le cœur est conscience. Il ne s'agit pas seulement de savoir si vous avez "bonne conscience", donc si vous avez fait quelque chose de mal récemment, mais plutôt si elle est sensible. Si vous lui mentez depuis longtemps que le mal est bon, elle est confuse, déformée et vous montre le monde comme dans un palais de miroirs. Alors vous serez attiré par les gens qui font le mal, ils vous sembleront curieux, spontanés et apparemment pleins de vie, contrairement à ces sages qui ressemblent à de vieux champignons.

Troisièmement, le cœur est la volonté. Qu'est-ce que ça veut dire? La façon dont vous voyez le monde comme vous voulez le voir. Pourquoi ne voyez-vous que les guerres, le mal, la corruption ? Parce que vous le voulez. Pourquoi le monde est-il mauvais ? Parce que vous voulez le voir comme ça. S'il en était autrement, vous ne rechercheriez pas la sensation dans les journaux, mais les nobles vérités dans les livres anciens. Vous n'écouteriez pas les commérages mais des conférences de philosophie. Vous ne regarderiez pas des films d'horreur et de la pornographie, mais des peintures dans un musée.

Vous devez prendre soin de votre cœur, car c'est votre principal outil pour capter le monde. Alors : « Heureux ceux qui ont un cœur pur, car ils verront les étoiles au lieu de la saleté du monde ».

Votre ange.

57

Bonjour,

La septième et avant-dernière règle est : „Ce n'est pas ce que vous obtiendrez des gens qui vous rendra heureux, mais ce que vous leur apporterez".

Imaginez que vous êtes sur un bateau qui coule au milieu de la mer et que vous ne voyez aucune aide venir de nulle part. Vous observez tout un spectre d'attitudes chez vos nombreux compagnons de voyage, de la panique à la tentative de rester calme, de la peur clairement affichée à celle soigneusement cachée sous un masque de confiance en soi. Il s'agit d'une situation exceptionnelle dans laquelle vous ne reconnaissez pas du tout vos collègues, car celui qui était un maître du sarcasme et un fêtard cherche désormais désespérément une radio. Celui qui disait au quotidien qu'il n'y avait pas lieu de s'inquiéter, car un jour nous mourrons tous, tremble de peur, et une amie, une optimiste typique

toujours souriante jusqu'aux oreilles, est assise désespérément sur le côté et pleure .
Imaginez-vous maintenant. Comment allez-vous réagir ? Qui deviendrez-vous ? Un enfant impuissant et désespéré attendant l'inévitable ? Heureux seront ceux qui apportent la paix aux gens à ces moments-là. Pas celui qui rit de tout, ni l'optimiste déraisonnable, ni le bouffon égocentrique, ni le révolutionnaire attardé qui n'a jamais rien réalisé de sérieux dans sa vie. Et pourquoi ne peuvent-ils pas apporter la paix aux autres ? Parce qu'ils ne l'ont pas eux-mêmes...
La paix n'est pas la tranquilité, ni un état calme, ni une attitude stoïque indifférente au monde qui l'entoure. La paix est la vraie maturité, l'identité humaine définitive planifiée depuis des siècles, c'est l'état d'esprit le plus profond qui ne se mérite pas, mais qui s'acquiert. C'est une certitude absolue, une conscience inébranlable que quoi qu'il arrive, rien ne peut les séparer de Celui qui leur a donné cette paix.
De telles personnes sont vraiment heureuses et, contrairement aux apparences, dans l'histoire de l'humanité, elles n'étaient pas si peu nombreuses, au contraire, des centaines, des milliers voir des centaines de milliers.
Alors si tu es pauvre, c'est-à-dire que tu ne veux pas de choses matérielles (règle 1). Que tu vois que tu es enfermé dans une cage et que tu te sens mal (règle 2). Que tu ne veux pas de vie publique, mais tu veux faire le bien en secret (règle 3). Que tu attends plus de toi-même que des autres (règle 4). Que tu ne méprise pas les gens mais leur pardonne (règle 5). Que tu prends soin de ton propre cœur, pour qu'il voit le monde correctement (règle 6). Alors, tu es bien sur la voie du bonheur.

Cependant, comme vous le savez, le bonheur vient davantage de donner que de prendre, et c'est le septième principe.

La Paix est le sommet de la maturité. Cela ne nécessite pas l'attention des gens, ce ne sera pas l'idole de la socièté, ou celui qui sait tout. Elle ne sera ni ironique, ni sarcastique, ni militante, ni dominante, au contraire – elle sera pratiquement invisible dans la vie quotidienne. La chose la plus importante, cependant, est que la vraie paix puisse être donnée à quelqu'un. Cependant, elle ne se communique pas avec de belles paroles, mais avec tout son être, attitude et actions. Lorsqu'elle arrive, elle est si digne que tout le monde se tait, si ébahi de la lumière des étoiles d'où elle vient. Si noble que tout le monde la regarde avec étonnement et veut être comme elle, avec sa lumière et la certitude que tout cela a un sens profond. Ainsi : „heureux celui qui apporte la paix aux hommes, car on dira qu'il est venu des étoiles".

Votre ange

58

Bonjour,

La dernière règle sur le bonheur est la plus incompréhensible et la plus difficile à mettre en pratique à la fois, mais en même temps c'est la somme et l'aboutissement des autres principes. Avant que nous l'abordions, rappelez-vous le personnage de la dernière lettre. C'est une personne qui apporte la paix partout où règnent la peur et le désespoir. C'est Gandalf le Blanc qui vient au dernier moment au secours des courageux défenseurs du Gouffre de Helm dans Le Seigneur des Anneaux, qui dans le moment le plus désespéré donne de l'espoir et stimule l'action. C'est Paul de Tarse qui devient un pilier de la civilisation européenne. C'est quelqu'un comme Morpheus de Matrix qui rayonne de confiance et de paix, une personne dont tout le monde autour peut puiser de la force en elle.

Le problème est, cependant, que le mal, sous toutes ses formes, déteste le plus ce type de personne et, les considérant comme une énorme menace, essaie de les détruire de toutes ses forces. Voici le dernier et huitième principe qui garantit le bonheur : « heureux sont ceux qui, puisant leur force dans la lumière des étoiles, sont prêts à faire les plus grand sacrifices». Paul de Tarse a été décapité, Maximillien a été affamé à Auschwitz et Jeanne d'Arc a été brûlée sur le bûcher, tout cela par le même mal. Tout le monde a peur d'une épée, des nazis ou du feu, et personne ne sait comment il se comporterait dans ce genre de situation. Mais n'est-il pas étonnant que les étoiles aient un tel pouvoir pour éclipser les plus grandes peurs humaine avec leurs lumières ? Je vais vous confier un secret, ce ne sont pas vraiment des étoiles. Ce ne sont pas des boules de feu à des milliards d'années-lumière. Pourquoi? Parce que les étoiles n'aiment pas, et une telle force ne peut être tirée que de l'amour. Et seule une personne peut aimer d'amour.

Donc, tant que vous vous trompez en vous disant que vous ne pouvez voir que des boules de gaz sans âme et l'espace vide entre elles lorsque vous regardez le ciel, vous ne deviendrez jamais une personne de Paix. Tant qu'il en sera ainsi, vous ne pourrez jamais vous débarrasser de vos rêves de gloire, d'argent et de prospérité. Vous vous installerez dans votre cage pleine de bêtises immondes, de peur et de débauche, et Luc vous versera personnellement de l'eau dans l'abreuvoir en vous expliquant que c'est le vrai bonheur.

« Heureux seront ceux qui feront confiance à l'Amour, car seuls ceux-là vivront pleinement, et seront capables de sacrifice".

Votre ange

59

Bonjour,

C'est l'heure de la dernière lettre. Ce fut une très bonne première année à l'école de pensée. Habituellement, pour passer au niveau supérieur, vous devez avoir 50% de connaissances, donc même si vous ne lisez pas attentivement ou si vous n'êtes pas d'accord avec une partie du texte jusqu'à présent, je considère l'année comme terminée, mes félicitations ! N'oubliez pas que ce n'était que la première année, vous avez peut-être plus de questions en tête qu'au début, mais c'est tant mieux. On court un marathon, pas un cent mètres, tout demande du temps, de la patience et surtout de la motivation. Si on y réfléchi bien, l'école de pensée n'était pas censée vous donner des arguments brillants pour discuter avec vos amis. Son but n'était pas non plus de vous convaincre de la justesse des thèses philosophiques, ni même de vous faire croire, car vous devez le faire vous-même. La première année n'était là que pour vous montrer la direction dans l'enchevêtrement des routes du monde d'aujourd'hui, pour vous faire voir qu'il n'y a en fait que deux routes et que c'est à vous de décider laquelle vous voulez emprunter.

Question – à quoi tout cela sert-il? Pourquoi vaut-il mieux faire quelque chose que rien ? Parce que inéxorablement vous vous retrouverez dans un de ces moments difficiles de votre vie et vous ne pourrez pas utiliser d'arguments brillants, des rires de collègues ou une prétendue confiance en vous. En ces moment aurez-vous assez de force en vous pour ne pas vous effondrer ? Ne pas désespérer ? La route vers les étoiles est le chemin d'un homme fort, courageux et mature qui non seulement n'abandonne jamais, mais qui donne également force, motivation et passion à tous ceux qui l'entourent. Mais il faut bien qu'il puise ce pouvoir et cette passion quelque part...

Cela dépend de vous, sur quelle section de route vous serez, car ne vous leurrez pas, s'il vous plaît – vous n'obtiendrez pas votre diplôme à l'école de la pensée dans deux semaines ... Vous devez vous y préparer pendant un long moment.

Qu'en est-il ensuite? Quelle est la prochaine étape? Huit principes d'une vie heureuse, autrement dit, les Huit Béatitudes de l'Évangile selon Saint Matthieu, c'est-à-dire de la Bible. Ils n'ont pas été inventés par un psychologue, un gourou spirituel ou autre charlatan essayant de gagner votre confiance, mais de Jésus. Jusqu'à présent, vous avez lu les huit phrases de l'Evangile, si vous voulez en savoir plus, lisez la suite.

Si vous êtes intéressé par la vérité, si vous ne voulez pas être constamment manipulé, conduit par le mal, effrayé et déçu par le monde, je vous invite à la deuxième année de l'école de défense contre les dragons.

Votre ange.

Printed in Great Britain
by Amazon